How to Spend Less

without being miserable

Richard Templar

賢い人のシンプル節約術

リチャード・テンプラー
花塚恵 訳

Discover

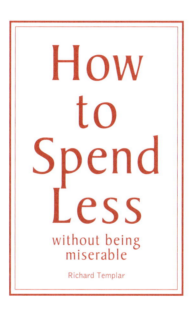

賢い人のシンプル節約術

How to Spend Less without being miserable

HOW TO SPEND LESS WITHOUT BEING MISERABLE, 01 Edition
by
Richard Templar

This translation of
HOW TO SPEND LESS WITHOUT BEING MISERABLE, 01 Edition
is published by arrangement with Pearson Education Limited.
through Tuttle-Mori Agency, Inc., Tokyo

はじめに

あなたがこの本を手にとったのは、「そろそろ節約しないとまずいかも……」と思ったからではないだろうか。

でもホンネを言えば、これまで使っていたのに、これからは使わないなんて無理ではないかと思っている。そもそも、ちまちまとお金を貯めるために、人生の楽しみをあきらめる意味があるんだろうか……。そんなふうに感じているのではないか。

そんなあなたに、よいニュースがある。

節約をはじめるということは、みじめな人生がはじまるということではない。むしろ、やっていくうちにだんだん楽しくなってくる。どうか私を信じて、お付き合い願いたい。間違いなく、うれしい驚きが待っているとお約束しよう。

節約で大切なことは「出費を抑えるために何をするか」ということではない。何より大切なのは「心の持ち方」を変えることだ。

私は〝賢い節約の名人〟をたくさん知っているが、彼らのお金に対する意識は、普通の人とは少し違う。彼らは「お金を使わないこと＝我慢」だとは考えていない。そして、お金のかからない暮らしを心から楽しんでいる。だから、シンプルで充実した節約生活を送ることができるのだ。

これは私自身にも当てはまる。私は、今現在の自分を貧乏だというつもりはない。ありがたいことに最近は、それなりに余裕のある生活が送れている。

だが一九八九年にさかのぼると、当時私は貧乏のどん底にいた。家財道具はほとんど売り払ってしまい、部屋にはただひとつテーブルだけが残っているという有様だった。

そのテーブルに請求書を積み上げて、「支払えるもの」と「支払えないもの」に仕分けしたときのことは今でもはっきりと覚えている。うず高くなったほう（それは、「支払えないもの」のほうだった）の山を見つめて、私は途方にくれた。

私は、そんな自分の状態が本当に嫌だった。食べていけるかどうかの不安もあったが、それまで買えたものを我慢することが、苦痛でたまらなかった。

だがあるとき、私は悟りを開いたような感覚に襲われた。もののない暮らしがひどく自由なことに思えるようになったのだ。

相変わらずお金はなかった。変わったのは「心の持ち方」だ。経済的に余裕がなくても、人生を楽しむことはできるのだと、私は気づいたのである。

本書には、私が身をもって学んだ教訓のほか、私が観察したり、話を聞いた人たちの体験談を、数多く収録している。出費を抑える節約術もたくさん紹介するが、本書の特徴は、ものの見方を変える方法をたくさん紹介していることだ。

これまでの考え方を改めないことには、節約生活は続かない。世界的ベストセラーとなったルールズシリーズ同様、私は「うまくいっている人の考え方」「行動原則」に注目して本書を書いている。

私が人生で学んだ大切なことを一つ挙げるなら「最低限の生活さえ維持できれば、持っているお金の額と幸せは必ずしも比例しない」ということだ。

みじめな人生を送っている資産家もいれば、貧しくても心豊かな人生を歩んでいる人もいる。幸せを決めるのは財布の中身ではない。あなた自身なのだ。

リチャード・テンプラー

賢い人のシンプル節約術　もくじ

How to Spend Less

1章　賢い節約の基本25のルール

How to Spend Less

2章 無駄なお金を使わないための29のルール

How to Spend Less

3章 心豊かに食事を楽しむ10のルール

How to Spend Less

4章 お金をかけずに娯楽を楽しむ10のルール

How to Spend Less

5章 シンプルに心豊かに暮らす19のルール

1
章

賢い
節約の基本
25 のルール

How
To
Spend
Less

ルール1

自分を本気にさせる

新しいことをはじめるときに、もっとも難しいのは「本気になること」である。

「なんでこんなにすぐお金がなくなるんだろう」「なんとかできないものか」と思っているだけでは、何も変わらない。お金がなくならないようにしたければ、支出を減らすしかない。

そして、支出を減らすには「減らせたらいいな」から、「何としても減らす」に気持ちを切り替える必要がある。

この気持ちの切り替えが、本当に大切なのだ。心の底から、「新しい人生をはじめる」と思わないといけない。**漠然と「できたらいいな」と思っている状態から、「必ず実行する」と固く心に誓った状態に自分を導かないといけない**のである。

ひとつ例を挙げよう。

私の友人に、経済的に苦しい状況にいる女性がいる。クレジットカードで多額の負債を抱え、生活するのがやっとの状態だ。「無駄遣いを減らさなきゃ」が彼女の口癖である。

彼女は、つい先日、友人の結婚式があるからといってロンドンからニューヨークへ飛び、七万円のドレスを購入していた。

結局、彼女の考えは「減らせたらいいな」だったのである。「必ず減らす」と本気になっていたなら、ドレスは買わないし、そもそもニューヨークに行かなかったはずだ。

あなたも彼女と同じような意識でいるなら、残念ながらここから先、私には何の手助けもできない。ただ、これだけは言える。節約に本気になるには、節約をする理由が必要だ。

どんな理由でもいい。「金遣いを改めないなら別れる」と恋人に言われたから、でもいいし、「目標額が貯まったらお祝いしよう」「借金を返して自分に自信をつけたい」といった前向きなものでもいい。

雑誌やインターネットで見つけた「節約のコツ」をあれこれ試してみるのもいいが、本気で節約する理由を見つけるほうが、実はずっと大変なのだ。

ルール2

お金の出入りを把握する

あなたは毎月、いくらまで使えるのだろうか？　そもそも、「使っているお金」と「稼いでいるお金」のどちらのほうがいくら多いか、きちんと把握しているだろうか。

毎月の請求書の支払額は？
ローンやクレジットカードの返済額は？
食品や日用品にかかる費用は？
毎月の固定費は？
そもそも固定費にはどんなものがある？
服飾費、娯楽費、車や家の維持費、交際費は？
趣味にかかるお金は？
ここに挙げたもの以外に、どんなことにお金を使っている？

本気でお金の問題に取り組みたいなら、毎月自分が何にいくら使い、いくら残るのかをきちんと把握する必要がある。

「お金が余ったときには貯金にまわしているから大丈夫」と思うかもしれない。しかし、それでは、どこで無駄遣いをしているのか、どう切り詰めればいいのか、何にお金がかかるのか、といったことが見えてこないのだ。

ペンと紙を用意して、いくら入ってくるのか、何にいくら使っているのか書き出してみよう。まず最初は、おおよそのお金の出入りを把握するだけでいい。それだけでも、不安が減り、気持ちがずいぶん楽になるはずだ。

ルール3

前向きに考える

節約しなければいけない自分はみじめだ。

買いたいものがあっても、我慢しないといけない。

暗い気持ちになるのも当然だ……そう思ってはいないだろうか？

いいや、絶対にそんなことはない。落ち込んでいるなら、まずは元気を出そう。

そもそも節約よりもっとつらいことはたくさんある。あなたよりはるかに貧しい暮らしを強いられている人もたくさんいる。

新しい暮らし方に向かうエネルギーを持つためにも、前向きな気持ちでいることは大切だ。欲しいものがあったら、「買えない」とがっかりするのではなく、「買おうと思えば買える。だけど買わない」と考えればいい。

なにごとも前向きに考えるようにしよう。**どれだけ自分が前向きになれるかチャレンジしているのだと思えばいい。**高額なものを見たら、「自分にはとても手が出ない」ではなく、「貯金すれば買える」と考えるのだ。

実際に買えるまでには、何ヵ月、何年とかかるかもしれない。しかし、考え直してみると、そこまでして欲しいとは思えなくなることも多い。「そもそも自分には必要のないものだ」と思えるようになれば、それはそれで有意義で前向きな考え方だといえる。

みじめになるのは、「自分はみじめだ」と自分自身で決めているからだ。もう、自分を憐れんで愚痴をこぼすのはやめよう。

節約しなければならない身であっても、明るい気持ちでいることはできる。

最初は難しく感じるかもしれないが、そのうちに、お金があってもなくても楽しく過ごせるようになれる、本当に。

ルール4

時間をうまくやりくりする

私たちがいろいろな商品やサービスにお金を使うのは、実は「時間を節約するため」である。つまり、時間を節約する必要がなくなれば、お金もあまり使わないですむようになる。

調理ずみのお惣菜を買うのは、料理の時間を節約するためだ。

手紙より、メールが便利なのは、時間に関係なく使えるからだ。

タクシーに乗るのは、移動時間を節約するためだ。

車を所有すれば、さらに時間は節約できる。

あまり意識することはないかもしれないが、私たちは「時間がない」という理由で、日々お金を使っているのだ。

「お金持ちなら、すべてお金で解決できる」

「お金ですむなら、それが一番楽でいい」

そう思うかもしれないが、本当にそうだろうか。

人に任せるより、自分でやったほうが楽しいことはたくさんある。個人的には、一キロ以内なら、タクシーを探すより、歩いていきたい。掃除は、私にとって仕事の合間のいい気晴らしになっている。それに、料理をする時間はなにものにも代えがたい楽しみだ。


もちろん、時間を節約するのは非常に難しいことだが、ポイントは「時間がなくなればお金が出ていく」という意識を持つことである。

実際、お金をかけずに幸せな人生を送っている人は、時間の使い方が上手だ。いつまでも時間に追われる生活を送っていては、それだけお金もかかってしまう。

ルール5

計画性を身につける

「計画的に行動すること」と「節約すること」は、切っても切れない関係にある。一見すると関係ないように思えるかもしれないが、そんなことはない。**計画性のない人に比べて、計画性のある人のほうが、出費は少なくなる。**

例を挙げて、考えてみよう。

電車や飛行機の切符を、その都度、乗る直前に購入していたら、往復割引や早期割引などの特典は一切受けられない。すべて正規料金を支払わねばならなくなる。

クリスマスカードの投函をぎりぎりまで延ばしていたら、速達料金の切手を貼らないとクリスマスまでに届かなくなってしまう。

ペット保険に加入していなければ、飼い犬が骨折したときに多額の治療費を負担しなければならなくなる。

屋根の雨漏りをいつまでも放っておいたら、屋根ばかりでなく、傷んだ柱や壁まで交換するハメになる。

あなたにも、似たような経験はあるのではないだろうか？

私も偉そうに言える立場ではない。正直なところ、私自身も計画性があるとはいえないからだ。右に挙げた例も、私自身の経験が多分に反映している。

計画が苦手な人に「計画的な行動」を求めるのは酷なことだとわかっている。それでも、苦労しただけの見返りは必ず手に入る。

ルール6

ゲーム感覚でチャレンジする

新しい生活パターンを楽しむには、それをゲーム感覚で取り組めるチャレンジにするとよい。

- 月にいくら貯金にまわせるか?
- どの店が一番安いか?
- お金を使わずに、どこまで楽しめるか?
- 切り詰められる部分を見落としていないか?

といったことを課題にして、**経験値を積むためのチャレンジだと思って取り組む**のだ。

「一番バターが安いのはどのスーパーか?」「通勤ルートを変えたらどのくらい交通費が少なくてすむか?」といった話ばかりする人になったら、「つまらない人」だと思われる……？

別に構わないではないか。あなたが楽しんでいることをつまらないと思うのは、向こうの勝手である。チャレンジすることが退屈だと思うような人なら、居眠りするまでとことん退屈させてやればいい。

まずチャレンジの第一歩として、使った金額を週ごとにまとめ、前の週より支出を減らすことを目標にしてはどうだろう。

最初は割と楽に達成できるだろうが、続けていくうちに、だんだん難しくなってくる。でも、それが楽しいのだ。

数カ月もたつと、前の週より支出を減らすためには、車をシェアしたり、日曜日に作った料理で、一週間食いつなぐようなことが必要になるかもしれない。

さらに数カ月が過ぎれば、道端で見つけた野草を食べなくてはいけなくなるかもしれないが、そこまで徹底できれば、それもまた楽しい。あなたならきっとできる。

ルール7

お買い得品探しを楽しむ

底値でものを買えるというのは、究極の買い物上手になるということだ。どこよりも安い品を見つけるコツがつかめると、質素でシンプルな節約生活を心から楽しめるようになる。

私の自慢の友人の話をしよう。

私の知り合いに、三人の子どもを抱え、経済的に、本当にぎりぎりの生活を送っている女性がいた。

ところが彼女は、泣き言のひとつも言わなかった。彼女は驚くほど前向きな心の持ち主で、少ない稼ぎで家族の生活すべてをまかなうことにやりがいを感じていた。

まず彼女は、お買い得品探しにのめり込んだ。

そのうちに、骨董品などの掘り出し物を見つけて、安く買っては転売して稼ぐ方法まで覚えてしまった。

こうして安くものを買う方法を極めたおかげで、次第に一家の生活にも余裕が生まれるようになった。

さらに素晴らしいのは、**彼女はこの売買を、立派なビジネスにしてしまった**ことだ。オークションサイトのイーベイやネット販売が登場する前の時代の話である。

七〇代になった今でも、彼女は骨董品の売買を続けている。それはもう生活のためではない。純粋に、お買い得な掘り出し物を見つけるのが楽しいからだ。

ルール8

お金を透明な瓶に入れる

節約は、意外に成果が目に見えにくい。

だから、**どれだけ節約したかをわかりやすく、目に見えるようにするといい**。節約して浮いたお金が、いつも目に見えるようになっていれば、節約生活に張り合いが生まれる。

どうすればいいか、具体的に説明しよう。

たとえば、タバコ代や飲み代、食費などを切り詰めてお金を浮かせたとする。その浮いたお金を、財布にしまいっぱなしにしていては、いつの間にか使ってしまうだけだ。その代わりに、そのお金を、どこか目に見える場所に保管するようにするのである。

私はリビングにコイン専用の大きな瓶を置いている。**仕事から帰ったときに、ポケットに入っている硬貨をすべてその瓶に入れる**のだ。

釣り銭でも、何かを倹約して浮かせたお金でも、毎日透明な瓶に入れていれば、いくら貯まったかがはっきりとわかる。

お金が目に見えれば、自分の努力の成果を実感できるから、節約が楽しくなる。こうして楽しんでいるうちに、案外すぐに瓶はいっぱいになる。

お金がいっぱいになったら、銀行で紙幣に両替してもらうといい。年に数回、そうやって銀行で両替するのが私の楽しみだ。これで、一年で数万円は楽に貯められる。

貯まっていくのを見ているうちに、そのお金の使い道をあれこれ考えるようになる。

せっかく貯めたのだから、使わないと意味がない。生活費の足しにしても、貯金にまわしてもいい。貯金する余裕があるなら、その一部を自分の小遣いとして、好きに使ってもいい。

ただし、小遣いにまわす割合は事前に決めておくこと。使いすぎないためだ。範囲を決めて、がんばったご褒美を自分にあげよう。

ルール9

安上がりな楽しみ方を見つける

お金を使わない楽しみ方というのは、案外たくさんあるものだ。実際やってみると、お金を使っていたときより、もっと楽しめることも多い。

それに、**安上がりに楽しめる方法を考えること自体が楽しい。**普段と違うことをするのはいいものだ。新鮮な気持ちになれる。

私の恩師なら、きっとこう言っただろう。「それが君のためだよ」

夏の夕暮れどき、いつもはパブや居酒屋で過ごしているなら、ときにはどこかに散策に出かけてはどうだろう。友人と、どこか見晴らしのいい場所で待ち合わせしよう。

アルコールが欲しいなら、フラスクボトル（ウィスキーなどを入れる携帯用の水筒）をお尻のポケットに入れて、ちょっとした食べ物を持参すればいい。パブに行くよりはずっと安上がりで、おまけにきれいな景色がついてくる。

そもそも、こうした楽しみ方は夏の夕方に限定する必要はない。冬でも、丘や森など景色のいいところで話をすれば、きっと盛り上がる。

愛する人との食事のために、しゃれたレストランに行くのも悪くはないが、フィッシュアンドチップスをテイクアウトして川沿いを歩くのは、もっと楽しく思い出に残る。演劇を見に行って素晴らしい思い出ができることもあるが、近所のボーリング場でも、忘れられない楽しい夜を過ごせる。

安上がりな楽しみ方を見つけるには、二つのコツがある。

- **いつもとは違う楽しみ方のパターンを探す**
- **（もう一つは、もちろん）いつもの過ごし方よりも安上がりにする**

パートナーや友人を巻き込むのもおすすめだ。誰が一番安上がりで楽しい遊びを考えつくか、競争しよう。

ルール10
買い物欲を買い物以外で満たす

子どもの興味を何かからそらすには、別の何かを与える必要がある。

これは子どもに限らず、私たち大人でも同じだ。まあ、大人といっても、しょせんは身体が大きい子どもみたいなものである。

だから、**買い物が何よりの楽しみだという人は、買い物と同じだけの喜びを得られる別の何かを見つける必要がある。**「買い物したくてたまらない」という気分になったら、その欲求を買い物で満たすのではなく、別の満たし方を試してみてほしい。たとえば――

ジョギングする
お風呂にゆっくり浸かる
愛する人をベッドに誘う

といった方法はおすすめできる。

ギャンブルやエステなど、買い物以上にお金を使いかねないものは要注意だ。タバコや暴飲暴食に走ってしまっては、お金がかかるうえに別の問題まで生じてしまう。お金をかけずに、そして健康的に楽しみを得られるものはほかにいくらでもある。


「買い物したくてたまらない」という気持ちになるのはどんなときか、振り返ってみよう。


落ち込んでいるとき？

嬉しいことがあったとき？

怒りを覚えたとき？


どんなときに自分が買い物をしたくなるのかが自覚できれば、他の方法でその欲求を抑えることができるようになる。

ただし、本書は重度の買い物依存症の克服を目的としているわけではない。残念ながら、私はその道の専門家ではないので、重度の依存症に悩んでいる人は、専門家にアドバイスを求めてほしい。

ルール11
給料から自動振替で貯蓄する

将来の蓄えとして貯蓄しておくつもりのお金は、手に持たないようにしたほうがいい。それどころか、できるだけ目につかないようにするべきだ。

現金として一度手にすると、その紙幣の厚みを直に感じてうれしくなってしまう。そのお金を使わないで、銀行に預けるのは至難の業だ。

それならば、普通預金から定期預金に移動させればいいと思うかもしれないが、それにも決意が必要だ。それに、普通預金の残高減少を目の当たりにすることになるので、どうしても心が揺らいでしまう。

私の友人は、銀行の振替サービスを利用して、**給与が振り込まれたその日のうちに、貯金したい額を自動的に貯蓄用の口座へ移す**設定にしている。

この方法だと、貯金する金額は普通口座の明細に表示されない。額面を目にすることがなければ、使いたい誘惑に駆られることもない。

実にシンプルで素晴らしい方法である。


昇給したら、その分はすべて振替サービスで貯蓄にまわしている知り合いもいる。

なんと彼は未だに一九八九年の給料で暮らしているのだ。そのおかげで、結婚式の費用を筆頭に、人生の大きな買い物を、すべて貯蓄でまかなうことができた。


私のようなフリーランスの立場では、収入が不規則なので、なかなかこのサービスは活用しづらいのが難点だ。

とはいえ、一回限りの振替設定も可能なので、入金予定が立ったら、入金を待っている間に手続きするといい。

ルール12

固定費専用の口座を作る

請求書というのは嫌なものだ。だから、できるだけその存在を忘れていたい。しかし、いくら見て見ぬふりをしていても、税金や光熱費の請求は毎月やってくる。お金に余裕のあるときなら、それほどストレスを感じないかもしれないが、お金がなくて困っているときに請求がくると、自己嫌悪に陥り、ストレスは倍増する。

毎月ほぼ一定の金額を支払う費用のことを固定費と呼ぶが、こうした月々の固定費の支払いは、前もって用意しておけば、ストレスを感じなくてすむようになる。

固定費にあてるお金は、収入を得たらすぐに取り分けてしまおう。そうすれば、自己嫌悪を感じるどころか、自分の用意のよさにほれぼれする。

固定費といっても、光熱費などは請求書を見ないと正確な金額はわからないから、取り分ける金額は大体の予想で構わない。

手っ取り早いのは、固定費専用の口座を作るという方法だ。

普段使っている口座と同じ銀行では、使ってしまいたい誘惑に負けて引き出してしまうかもしれないが、別の銀行で口座を開けば安心だ。

この方法は、固定費のほかにも、支払いが後からやってくる大きな買い物全般に使える。旅行やクリスマス、結婚式の費用など、支払い日に全額そろっていてほしいものなら何でもいい。

それぞれに専用の口座を開いてもいいが、口座はむやみに増やしすぎないほうがいい。しばらくは使わないお金を入れる口座なのだから、普通口座よりも利率の高い貯蓄口座を開くとよい。それで少しでも多く稼ごう。

ルール13
大きなお札を持ち歩く

最後に千円札を崩したのはいつか思い出せるだろうか？

おそらく無理だろう。そんなことをいちいち覚えてはいられない。

では、一万円札を崩した日についてはどうだろう？

こちらは覚えているのではないだろうか。正確な日時や場所は思い出せないかもしれないが、大きいお札を使うときのほうが印象に残るはずだ。

そこで一つ提案したい。

銀行からお金を引き出すときは、両替せずすべて一万円札でもらうようにしよう。

額面の大きい紙幣のほうが、使うときに慎重になる。崩したくないという心理が働くうえに、何にお金を使うかもしっかり意識する。「本当に買う必要があるかどうか」が頭をよぎれば、出費を抑えることにつながるはずだ。

ルール14
知り合い同士でギブアンドテイクする

欲しいものを手に入れるのに、必ずしもお金が必要とは限らない。ものや行為と交換することも可能だ。

欲しいものを手にするために、相手が欲しがっているものを与える。それがギブアンドテイクだ。知り合い同士でちょっとしたギブアンドテイクを行う人はたくさんいる。

たとえば、文筆家の友人は、知り合いの会社の広報誌や社内で使う文書を代筆し、そのお返しに芝刈りや子守りをしてもらっている。ほかにも、車の点検をしてもらう代わりに、犬の散歩を引き受けている人もいる。

ギブアンドテイクを成立させるには、相手の欲しいものを自分が持っていないといけない。野菜の自家栽培、配管技術、犬を散歩させる時間……。**あなたにも必ず何かある。**あきらめたらアイデアは出てこない。

ルール15
お金を借りない

お金を借りなければ、借金地獄に陥ることはない。単純なことだ。

そもそも、私の親や祖父母の時代には、お金を借りて欲しいものを買うなんてことは、夢にも思わなかったはずだ。お金が足りないなら買わない。それで話はおしまいだ。

ところが今は、銀行がクレジットカードをばらまき、借金を誘う広告が蔓延する世の中になった。

世の中が変わったからといって、**商売に乗せられることはない。「いえ、結構です」と断ればよい。借金をしてまで何かを買う必要はない。**昔からの常識だ。

例外は、住宅ローンだけである。全額貯まるまで絶対に家を買うな、というわけではないのでご安心を。

「借金などするものではない」と言い聞かされて育っていれば、借金の誘惑に打ち勝つのは比較的簡単だ。

そうでない人は、このルールを身につけるのに多少時間がかかるかもしれないが、いずれは借金の誘いを受けても断れるようになれるはずだ。

絶対に借金をしないというポリシーの持ち主に話を聞くと、「金を借りるぐらいなら貧乏でいたほうがよっぽどいい」と、皆口をそろえて言う。

借金をしないと心に決めれば、出費を抑えるようになるし、借金にかかる利息や手数料で損をすることもなくなる。

ルール16

エコを意識する

環境保護に関連する言葉には、「エコ・フレンドリー」「グリーン」「環境意識」「環境活動家」など様々な言葉があるが、その根底にあるのは――

・リデュース（reduce）＝減らす
・リユース（reuse）＝繰り返し使う
・リサイクル（recycle）＝資源を再利用する

の三つの精神である。

エコを意識するといっても、程度は人それぞれだ。環境のためならどんな努力も惜しまないという人もいれば、自分に無理にならない範囲で協力すればいいという人もいる。いずれにせよ、エコを意識すると、節約につながることが多い。

三つの精神のひとつ「リデュース」は、使うものを減らすという意味だが、これは使うお金を減らすことにもつながる。

環境関連の雑誌には、節約のヒントになる面白いアイデアが紹介されていることが多い。

何冊か読んで、取り入れてみたいものをピックアップしよう。

私は、雑誌の影響で、酢と重曹を住居用洗剤代わりに使うようになった。どちらも洗剤よりはるかに安いうえ、洗浄効果も高い。

エコへの意識を高めていくと、何かが欲しくなったときにも、不要品売買のサイトをまずチェックするようになる。これは「リサイクル」の精神だ。

赤ちゃんのいる人なら、繰り返し使える布オムツを使いたくなる。これは「リユース」の精神だ。

当然ながら、雑誌は買わなくてもいい。誰かのものを「リユース」しよう。

ルール17

自分の持ち物を売る

一九八九年、イギリスを不況が襲った。私も当時は本当に生活が苦しくなり、そのとき初めて「自分の持ち物を売る」ということをした。

自分の物を売ることには、誰でも最初は抵抗を覚えるものだ。私もそうだった。

そもそも、経験がなかったから、「自分の持ち物が売れる」という可能性があることに、なかなか思い至らなかった。

だが、いざ自分の持ち物を売ってみると、**持っていることすら忘れていたようなものまで、何でも売れた。**それは新鮮な驚きで、私はとても解放的な気分を味わった。

売り方にもいろいろある。

私の場合、車を売ってお金をつくったことは、これまでに何度も経験がある。お金がないときに、自分の車を売って安い車に乗り換えるのだ。

ただ、これは最終的には大失敗に終わった。しまいには、どこにも行けないような車をつかまされてしまったからだ。出かけたいと思うと、必ず動かなくなる車など、持っていても意味がない。

私の友人は、子どもたちが独立してピアノが不要になったので、ピアノが好きな子どものいる知り合いに売った。これは賢いやり方だ。

ほかにも、フリーペーパーやオークションサイトなど、中古品を売りに出せる場所はたくさんある。**思いきって、自らフリーマーケットを主催するのもおすすめだ。**出店希望者を募れば、自分の売上に加えて出店料も徴収できるというメリットもある。

不要品が売れたら、ちょっとしたご褒美を自分にあげるといい。売上の何パーセントかを小遣いにし、残りは貯金や生活費にあてよう。

ルール18

現金は必要な分だけ持ち歩く

「現金を持ち歩く」というよりも、「必要な現金以外は持ち歩かない」と言ったほうが正しい。なぜそうするかは、単純な話だ。持っていなければ、使うことはできない。

ネットショッピングや電話注文ではこの方法は活用できないが、生活必需品の買い出しや、衣服やクリスマスプレゼント探しなど、実際の店舗に買い物に出かけるときには、絶大な効果がある。方法は簡単だ。

1　普段から、必要最低限の現金だけ、銀行から引き出すことにする
2　大きな買い物をするときは、予算を決め、その金額だけ銀行から引き出す
3　買い物に出かけるのは、お金を引き出した翌日以降にする
4　買い物当日は、キャッシュカードを持って出かけない

予算以上のお金は持たない。キャッシュカードやクレジットカードも自宅に置いていく。こうすれば、どうやっても使いすぎることはない。

ポイントは予算を決めるときだ。当然ながらここで自制心が必要になる。ただ、この時点ではお店にいるわけではないので、金額を増やしたくなる誘惑は何もない。あなたを誘惑する魅力的なものが目の前にないのだから、予算を低く抑えるのは簡単だ。

買い物当日、お店に行けばもっとお金を使いたくなる何かを目にし、誘惑されることになるだろう。でもそのときには、ぎりぎりのお金しか持っていないから、予算内で買い物をすませることで頭がいっぱいになっているはずだ。こちらも問題はない。

ルール19

クレジットカードは偽物のお金だと意識する

子どもの頃、おもちゃのお金で遊んだことはあっただろうか？　親になってから、子どもにおもちゃのお金を買い与えて、一緒に遊んだことは？

いうまでもないが、おもちゃのお金は本物のお金ではない。偽物のお金である。本物のお金を使うようになるのは、成長して大人社会の仲間入りをしてからだ。

成長すると、銀行口座を開設し、現金や小切手でものを買うようになる。そして、自活できるほど稼ぐようになると、クレジットカードを取得し、「これでようやく一人前になった」と実感する。これが大人になるということだ……。

クレジットカードは大人が使うお金の象徴――はたして本当にそうだろうか。

おもちゃのお金の次は、本物の現金、さらにデビットカードや小切手、そして最後にクレジットカード。これですべての大人のお金が手に入ったと思うかもしれないが、そうではない。

最後のところで、子どもの頃に遊んだ〝おもちゃのお金〟へ逆戻りしている。

クレジットカードでの買い物は〝大人の買い物〟とはいえない。そもそも、クレジットカードは、「本物のお金」ではないからだ。

クレジットカードは、本物のふりをした偽物のお金だ。

考えてみてほしい。クレジットカードが本物のお金なら、そのお金に触ることができるだろうか？

銀行に行って触らせてほしいと頼んだら、出してきてくれるだろうか？

どちらも、できない。なぜなら、**クレジットカードで支払うお金は、実際には存在しないお金**だからだ。

おもちゃのお金に手をつけるのはやめにしよう。大人のお金、本物のお金だけを使っているほうが、ずっと安全だ。

ルール20
クレジットカードを自分で凍結する

ルール18「現金は必要な分だけ持ち歩く」、ルール19「クレジットカードは偽物のお金だと意識する」が確実にできるようになる方法がある。

クレジットカードは、いざというときに必要になるかもしれないので解約できない、そんな人にもってこいの方法だ。

資産の使用を一時的に禁じることを「凍結」と言うが、これは、文字どおりの凍結だ。つまり、クレジットカードを水の入ったボウルに入れて、冷凍庫で本当に凍らせてしまうのである。

そうすれば、緊急時には使える（当然ながら、解凍する時間が必要になる）が、普段の買い物には使えない。

ルール21

インターネットを利用する

この本には、インターネットを使った節約術がたくさん出てくる。まだパソコンを持っていない人は、これを機に一台入手してはどうだろう。

必要最小限の機能だけを備えたパソコンならそう高くはない。すぐに元がとれるはずだ。中古のパソコンでも大丈夫。新しい機種が出ると、まだまだ十分使えるパソコンを売ってしまう人がかなり多いので、掘り出し物を探すといい。

ネットを使って出費を抑える裏技はたくさんある。**ネットにアクセスできる人しか知ることのできない技が、実はかなり多い**のだ。

本気で節約を考えているなら、今すぐインターネット環境を整えよう。

ネットのことがよくわからないなら、使い方を教えてもらえる講座を受講しよう。探してみれば、案外無料の講座が見つかるかもしれない。

ルール22

売りどき、買いどきを知る

ものを買うにしろ、売るにしろ、タイミングはとても重要だ。

「そんなことは言われなくてもわかっている」と思うかもしれないが、これがなかなか難しい。とにかく、事前にしっかりと計画を立てる必要がある。

私の住むイギリスを例にすると、イブニングドレスの需要がもっとも多いのはクリスマスの直前だ。そして、一月に入った途端に安くなる。実店舗であれネットショップであれ、ドレスを買うなら一月、売るなら一一月か一二月が最適だ。

つまり、クリスマスパーティに着ていくドレスを安く手に入れるには、十一カ月前に考えておかないといけない。

ウエディングドレスの場合は、英国での結婚式のピークは夏だから、安く手に入るのは夏の終わりになる。

中古のバーベキューセットやオープンカー、ボートなどは、秋の終わり頃から安くなり、春先から再び値段が上がり始める。

クリスマスの飾りは一月が安く、九月から一二月にかけてがもっとも高い。

水着が欲しいなら一一月、冬物のコートを売りたいなら一〇月がベストだ。

これでタイミングの図り方は大体つかめただろう。**ものの値段は時期によって上下するから、売りどき、買いどきをうまく選べばそれだけ得をする。**先のことを見越して計画を立てないといけないが、そうするだけの価値は十分にある。

ルール23

常に一番お得なものを探す

「無気力」は節約の最大の敵である。

何もしないほうがはるかに楽だが、何もせずにいると、そのしわ寄せは、間違いなく家計に響く。

節約を目標にして、いつも「お得なものはないか?」「少しでも安いのはどれか?」と思っていれば、必ず何か見つかるものだ。電化製品はもちろん、ガス、電気、住宅ローン、保険に至るまで、安く手に入れる道はありとあらゆるものにある。

今は、どんな商品やサービスでも、必ず複数の会社が激しく競争している。だからライバル社に見積もりを頼めば、たいていの場合、現状払っている価格よりも低い価格を提示してくる。乗り換えてもらいたいからだ。

だから、より安くあげるためには行動を起こさねばならない。しかし、これがなかなか厄介だ。

インターネットや電話を使って、半日かけて電気代が安くなる方法を探す、というのは、魅力的な時間の過ごし方とは言い難い。だが、やれば節約につながるのは間違いない。

いつかやろうと先延ばしにせずに、調査日を決めてしまおう。インターネットなら、仕事を終えて帰宅してからでもできる。節約の助けとなるサイトはたくさんある。

手帳の来週のページのどこかに、今すぐ「ネット調査」と書き込もう。いや、来週まで待たずとも、今週のうちにやれば、それだけ多く節約できる。

住宅保険や自動車保険は、保険会社ごとの契約プランが比較できるサイトを活用しよう。保険のプランは毎年新しいものが出るから、乗り換えたら安くなるものがないか探してみるといい。

乗り換えたからといって終わりではない。またお得なプランが出てくるかもしれない。他社のプランを定期的にチェックしよう。新規顧客向けのお得なプランなどを見つけたら、また乗り換えればよい。

ルール24

DIYの腕を上げる

何かが壊れたときにかかる出費ほど腹立たしいものはない。

衣服や食べ物を買ったり、夜に出かけたりするのと違い、修理にお金を使っても何にも楽しくないからだ。

しかも、お金をかけて直った瞬間から、そこにあるのが当たり前になる。買い物につきものの気持ちの盛り上がりがまったくないのだ。

だから、日頃からDIYの腕を磨いておくに越したことはない。念のためご説明すると、DIYとは「自分でやれることは自分でやろう（Do It Yourself）」という生活の基本姿勢のことである。

自分でもできることを、誰かにお金を払ってやらせるのはもったいない。それに、自分でやれることが増えれば、充実感や達成感が得られる。もちろん節約にもなる。

それでは、修理やメンテナンスにかかる費用を抑える考え方を、いくつか紹介しよう。

●調子が悪くなったらすぐに直す

完全に壊れるまで放っておいてはいけない。早い段階で直したほうがずっと安くつく。

●予防策を講じる

雨どい、車のオイル、水回りなどは、問題が起きなくても定期的にチェックしよう。

●部品をとっておく

組み立て式の家具に付いてきた予備のネジや工具、解体した古い棚のパーツなどは、場所を決めてとっておこう。六角レンチやネジが、後で修理の役に立つ。

ルール25

代行サービスの利用をやめる

私の友人が、「ハウスクリーニングサービスの利用をやめたら、月に二万円浮くようになった」と教えてくれた。

二万円の売上を失った業者には同情するが、きっとすぐに別の客が見つかるだろう。腕のいいサービス業者とはそういうものだ。

ともかく、二万円は結構なお金である。サービスの利用を完全にやめなくても、時間を短くしたり、回数を減らすだけで、かなりの額が節約できるはずだ。

ハウスクリーニングサービスを利用していない人でも、**自分でできるのにお金を払って誰かにやってもらっていることがあるのでは？**

・窓掃除は？
・アイロン掛けは？

・芝刈りは?
・散髪は?
・靴の修理は?

余計なお世話だ、と思われるかもしれないが、私が何を言いたいかはわかってもらえると思う。

当然ながら、ハウスクリーニングサービスの利用をやめても、家は掃除しないといけない。

掃除なら誰でもできるので、子どもに手伝ってもらおう。掃除のご褒美に、お小遣い(ハウスクリーニングサービスの代金よりも低い額)をあげてもいい。

仲間がいたほうが掃除も楽しい。友人同士で互いの家を掃除し合う、というのは楽しいものだ。時間にも区切りがつけやすく集中してできる。あるいは、友人と順番に互いの家を一緒に掃除してはどうだろう。

もちろん、今すぐ袖をまくって掃除に取りかかってもらって構わない。

2
章

無駄なお金を
使わないための
29のルール

How
To
Spend
Less

ルール26

その場ですぐに買わない

私の友人が実践している、「賢い買い物テクニック」を紹介しよう。

彼女の場合は、主に服を買うときにこの方法を使っているが、生活必需品以外であれば何にでも活用できる。

1　生活必需品ではないけれど「どうしても欲しい」と思うものを見つけたら、それを買うと決める。ただし、その場ですぐにそれを買ってはいけない

2　それまで当たり前に使っていた出費から、削るものを決める。たとえば――

・バスや電車を使わずに歩く

・昼食に手作りのサンドイッチを持参する

・飲酒をやめる

・普段よりも安いレストランを利用する
・映画を観ない——など

3　毎日、節約した金額をノートに記録する

4　合計金額が、欲しいものが買える額に達したら、購入する

このようにして欲しいものを買うほうが、ずっと気分よく買い物ができる。**お金を貯めているうちに、欲しいものが変わるかもしれないが、それはそれでラッキーだ**と思えばいい。無駄なお金を使わないですむ上に、新しく欲しくなったものを買うお金がいくらか貯まっている。

勢いで買い物をして、後で口座残高を見て思い悩んだり、「本当はほかのものがよかったかも……」などと後悔するよりも、ずっと気が楽だ。

何より、**実際に買うまでの期間をずっと楽しむことができる。**買い物は、それを買うまでが一番幸せなのだ。

ルール27

買う前に、最低一日は考える

「欲しいと思うものに出会っても、すぐには買わずに最低一日は考える」というルールをつくろう。つまり、頭を冷やす期間を設けるのだ。

この方法は、衝動買いの多い人に、特におすすめだ。

私は、通販カタログでよく買い物をするが、カタログを見ていると、本来の目的とは別のものについついつい心惹かれてしまう。しかし、いいものが見つかっても、すぐには申し込まない。とりあえず欲しいと思った商品のページに、付箋を貼っておくだけだ。

一週間後に、再びカタログを手に取ってその品を見ると、ほとんどの場合、欲しいという気持ちは起こらない。むしろ、「一体、何だってこんなものに印を付けたんだ?」と思うことがほとんどである。

このルールには例外がある。食品などの生活必需品は対象外にしよう。そうしないと、買い物に出かけるまでに一日断食するハメになってしまう。

ルール28

買わなかった自分を想像する

私はコートが大好きだ。だからコートを目にしたときは、買いたい気持ちを抑えるために、ちょっとしたテクニックを使うようにしている。

気に入ったコートを見つけたら、こう自分に質問するのだ。

「今買わなかったら、数日たってもこれが頭から離れないだろうか？」

「それとも、一時間もすれば忘れてしまうだろうか？」

そう考えると、たいていの場合「すぐに忘れるだろう」という声が聞こえてくる。

このように、買わなかったときの自分を想像するようになってから、「買わなくてもいいや」と思うことが多くなった。

一週間たっても頭から離れなければ、店に戻って買えばいい。私は今のところ、一度も店に戻ったことはない。

ルール29

「本当に必要なのか?」と自問する

「まったく必要ないのになぜか買ってしまった」という経験は誰にでもあるだろう。家の中を見回せば、一度も使ったことのないものが一つぐらいはあるはずだ。私の家にはたくさんある。

いや、引き出しいっぱいに入っているスーパーの袋のことをいっているわけではない。スーパーの袋というものは、いくら使ってもすぐに引き出しにいっぱいになるので困ったものだが、ここでは別の話をしたい。

私が取り上げたいのは、気に入っているわけでもない小物や置物、消費期限がとっくに過ぎた瓶詰めの食品など、**これまでもこれからも使わないのに、そこに置いてあるたくさんの品々**のことである。

リンゴの芯をくりぬくのに、専用の器具は必要ない。ナイフで十分だ。

柔軟仕上げ剤も、洗濯物の九九パーセントには必要ない。

洗顔料も化粧水も乳液も必需品ではない。ほとんどの男性が、どれも使わずに健康な肌を保っている。しわができるのが嫌なら、タバコとお酒をやめて、日光を浴びないようにすればよい（それでもしわはできるが）。

経済的に厳しいときは、**それを手にとって「これは本当に必要か？」と自分に問いかけながら買い物をしよう。**必要ないものを家に置くことはないのだ。

ルール30

ウィンドウショッピングはしない

存在を知らなければ、欲しいと思うこともない。

単純な話である。


ウィンドウショッピングは、〝国民的な娯楽〟と言っても過言ではない。しかも、不況のときほど、それを楽しむ人は増える傾向にある。

「お金がなくて買い物が楽しめないから、せめて見るだけでも」

「見るだけならタダだし……」

そんな心理が働くからだ。


だがそれは、自分で自分の首をしめるようなものだ。

店先であろうと、ネット上であろうと、通販カタログや雑誌広告であろうと、見てしまえば必ず欲しくなる。**買いたい衝動に一度火がつくと、それをおさめるのは簡単ではない。**

オスカー・ワイルドの小説に、こんな台詞が出てくる。

「私はどんなことにも耐えられる。誘惑以外ならば」

誘惑に打ち勝つ苦労をしたくないなら、はじめから避けて通るのが一番いい。

ルール31

生活必需品はインターネットで買う

最近は、インターネットで買い物ができるネットスーパーが広まってきた。重たい食材を玄関先まで配送してくれるので、買い物がラクになる。

ネットで食材を買うメリットは、配送以外にもたくさんある。

初めて買うときは、戸惑って時間がかかるかもしれないが、慣れてしまえば買い物のパターンが決まってくるので、お店に出向くよりもずっと短い時間で買い物ができるようになる。それに、交通費やガソリン代の節約にもなる。

また、たくさんの家庭の買い物を一台の車で代行するのだから、環境にも優しい。

そして何と言っても、**生活必需品はネットで買ったほうが断然安くつく。**値段が安いからではない。余計な買い物をしなくなるからだ。信じがたいかもしれないが、事実である。

ネットスーパーで買い物するときには、買おうと思っていたものだけを買う。しかし、実際のスーパーの店舗に行けば、みずみずしい果物や、タイムセールの文字が嫌でも目に入る。焼きたてのパンの匂いに誘われることもあれば、チョコレートバーが一本の値段で二本買える特別セールのワゴンに足を止めてしまうこともある。

ネットスーパーでは配送料金が別途必要になるが、曜日や時間帯によって安くなる場合もある。割引がないか調べて、うまく活用するとよい。

一度使いはじめれば、配送料金がかかっても、実際に買い物に出向くよりは総じて安くなるだろう。食べ物を無駄にすることも減るはずだ。

ルール32
買い物時間を短くする

買い物に時間をかけないことをおすすめしたい。**買い物時間が短ければ、必然的に買う量も少なくなる。**

買い物時間を短くするには、いくつかのやり方がある。

買い物の後に、人と会う約束や子どもの迎えなどの用事を入れておく、というのが一番手っ取り早い。

長く停めておくと駐車違反の切符が切られる場所に車を停める、という方法でもいい。

私の場合、フリーマーケットなどトイレのない場所へ買い物に出かけるときは、出かける前に水を一リットル飲むようにしている。そうすれば、余計な買い物をする前に、急いで家へ戻らねばならなくなるからだ。

小さい子どもがいるなら最高だ。彼らと一緒に買い物に行けば、「もう飽きた」と駄々をこねられるので、ゆっくりと見て回る余裕はない。

では、買い物時間はどれくらいが適当だろうか。目的のものを買うための時間は確保しなければならないが、時間の目安がわかるようになるまでは、**短すぎると感じるぐらいで切り上げる**といい。

必需品の買い物だけでなく、趣味のものを買うときにも、買い物時間を短くするよう心がけよう。時間に追われていれば、他の品を見て回ったり、セールの表示につられて不要なものを買ったりする余裕がないので、結局は買おうと決めていたものしか買えない。

ルール33

買うのは二回目の買い物で

衣服やクリスマスプレゼント、家庭用品などを買いに出かけるときは、必ず二回お店に行こう。

一度目に出かける目的は、下見だ。二度目のときのために、何を気に入ったか、どの店で見つけたかなどをメモしておく。

二度目では、もう欲しいものを新たに探すようなことはしない。一度目の下見で選んでおいた品を買うだけだ。一度目のときに買うべきか迷ったものには目もくれず、メモしておいた品へ直行しなければいけない。

この方法は、先に述べたルール27「買う前に、最低一日は考える」の一種だといってもいい。もう一度買いに戻るのをおっくうに感じるなら、それはつまり、心から欲しいものではなかったということだ。

ルール34

食事をしてから買い物に出かける

お腹が空いているときに食料を買いに行くのは、余計な出費を助長するようなものだ。お腹を鳴らしながらスーパーへ行けば、見るものすべて欲しくなってしまう。

この意味でも、食材はネットで購入したほうがいいのだ。もちろん、ネットで注文するときも、お腹が空いていない状態が望ましい。

どうしても店に買い物に行かなければならないなら、朝食後、もしくは昼食を食べた後がいい。それが無理なら、パンを一切れ口に入れてから家を出よう。

店に入ったら、むやみに店内を歩きまわらないこと。ビスケットやお酒、チョコレートやアイスクリームなど、自分にとって「危険」な食品の売り場を把握しておき、そこには近づかないと心に決めてから、お店に入ろう。

ルール35

クーポンを使う自分を受け入れる

私自身はクーポンというものが大嫌いだ。

雑誌やチラシから、ちまちました薄っぺらの紙切れを切り取って、買い物に行くときには、忘れずに店に持っていく。そう考えただけでもイライラする。

さらに、お店のレジでは、その紙切れを探すためにカバンやサイフをひっくり返して、もたもたすることになる。そんな迷惑な客になりたい人などいるのだろうか。

いや、ついつい熱くなってしまった。

冷静に考えれば、クーポンはいいものである。それを使ったら実際にいくら節約できるかを、計算してみればいい。

クーポンというのは面倒くさいものだが、それだけの価値があるのだ。

確かに一枚のクーポンで節約できるのは微々たる額でしかないが、「ちりも積もれば……」とことわざにもあるように、クーポンの利用を習慣にすれば、相当な節約ができる。それなのに、クーポンをすべて使ったらいくらの節約になるか、考えてみようとすらしない人は多い。

結局は、**自分が「クーポンを使う人」になることを受け入れられるかどうか**の問題だ。そんな自分を受け入れた人は、クーポンを使った買い物を楽しみ、節約の恩恵にもあずかれる。

受け入れていない人は、そもそもクーポンを見つけることができない。「クーポンを使う自分」を認めていないから、それを楽しむこともできない。

実際のところ、出費を抑えるのに、クーポンほど楽なものはない。節約できる分のお金が、何の努力もしないで手渡されているのと同じなのだから。

犠牲を払うことも、妥協することも、何かを我慢することもない。「クーポンを使う自分」を受け入れればすむ話なのだ。

ルール36

会員カードを活用する

私の妻は、スーパーマーケットが発行する会員カードが大嫌いである。購入したものを全部知られているなんて、「ビッグ・ブラザー（ジョージ・オーウェルの小説『１９８４年』の登場人物）」に監視されているみたい、というのが彼女の言い分だ。

彼女も会員カードを持っている。しかし、買い物をしても、レジでカードを提示しないでいる。

カードを出さなければ、その商品を買ったのが妻であると店側に知られることはない。彼女はそれでスーパーに一矢報いることができたといって、満足している。

妻はちょっと神経過敏になりすぎているように思う。まあ誰にも迷惑はかけていないが、カードを提示すれば割引が受けられることを思えば、実にもったいない。

スーパーなどの会員カードは無料で発行してもらえるうえ、カード会員になれば、クーポンがもらえたり割引を受けられたりする。

カードによっては、クーポンや割引のほかにも、ポイントが付与されるものもある。また、カード会員向けのウェブサイトには、サイトを訪れた人だけが受けられる特典が用意されていることもあるので、チェックしてみるといい。カード会員用の割引のためだけに、複数のスーパーで会員カードを作る人もいる。

ただし、**「会員カードを使えば半額になるから買おう」と思うような商品は、買わないほうがいい。**半額でなければ買わない商品は、元々必要でないものだから、買っても得をしたことにはならない。むしろ余計な出費である。

ルール37

スーパーマーケットを最大限活用する

大手のスーパーは、何としても自分の店に顧客を呼び込もうと必死である。そして、彼らは、顧客が重視するのは「価格」だと考えている。この考えはおおむね正しいはずだ。つまり**大手スーパーは、顧客が安く買い物できる方法を、絶えず模索している**のだ。だから、大手のスーパーのお買い得品を最大限活用しよう。ただし、気をつけてほしいのは、「最大限活用する」というのは「最大限買い物をする」ということではないことだ。

買い物は、**「買い物リスト」を持って行き、そこに書いてあるものだけを買う**のが一番効率がいい。

さらに、リストにある品をできるだけ安く買う努力を怠ってはいけない。いつも買うコーンフレークが決まっているからといって、スーパーのPB（プライベートブランド）商品のコーンフレークが発売されたなら、いつもの商品と価格を比較すべきだ。

夕食はスパゲティにする予定でも、ペンネやマカロニなどの別のパスタが特売になっているなら、それをスパゲティの代わりに買えばいい。

スーパーでは、お買い得品が目につくように陳列されている。「一つの値段で二つ」「二つの値段で三つ」「お買い得」といった表示があったり、割引クーポンが付いてくる商品があったりする。

これまで、お買い得品にまったく目を向けていなかったなら、スーパーの特売を最大限に活用すれば、週に数百円は浮かせるようになる。

ただ、「二つの値段で三つ」のような特売品を買うのは、消費期限までに三つとも食べきれるか考えてからにしよう。いくら二つの値段で三つ手に入れても、一つしか食べないなら「お買い得」ではない。

ルール38
上質なものを上手に取り入れる

私がまだ若くてずっと貧しかった頃、当時の恋人（今の妻だ）に「スペシャルな朝食を用意しよう！」と思い立ったことがある。そして、私は朝食のトレーにバラを一本添えるために、通りの花屋まで走った。

店員は「恋人へのプレゼントなら、花束にしてはいかがですか？」と提案してくれたが、私は「いいえ、バラ一本で十分です」と答えた。

安い花火を一〇個買うぐらいなら、豪勢な花火を一つ買ったほうがいい。そのほうが、かかるお金は少ないが、ずっと思い出に残る。

パーティがあるからといって、その都度、新しい服を新調するようなことはしてはだめだ。ドレスアップするなら、ベルトやアクセサリーなどの気の利いた小物を工夫するだけで、手持ちのドレスが見違える。一回だけのパーティに無駄にお金をかける意味がどこにある？

このような買い方は、プレゼントや衣服ばかりでなく、食材にも応用できる。

普段の料理に豪華な食材を一品足せば、立派なご馳走になる。レストランに行かないと特別な食事をしている気分にならない、と思うのは間違いだ。

ごく普通の料理に、ポルチーニ茸やトリュフオイルを加えてみる。あるいは、デザートにドラゴンフルーツを添える。そんな一工夫で、高級感が漂う特別な一皿になる。

ワインが好きなら、安物のワインをたくさん飲むのではなく、本当に美味しいワインをグラス一杯だけ楽しむようにしてはどうだろう。

ルール39

安いという理由で買わない

このルールは、前のルールの続きだ。買い物で、品質を重視するメリットはほかにもある。それは、「上質なものほど長持ちする」ということだ。

実際、安さにつられるのは不経済なのだ。長年、安さ重視で買い物をしていた私が言うのだから間違いない。

私は気が短く、とにかく我慢のできない性分だ。何かを「欲しい」と思ったら、今すぐに欲しくなってしまう。

もちろん、お金があり余っているわけではないから、たいていは高くて買えない。だから、よく似た安物で手を打っていた。おかげで、何度痛い目に遭ったことか。

安物は、すぐにどこか傷んだり壊れたりする。それなりの値段のするちゃんとした品を買っていたら、もっと長く使えたはずなのに。

誤解しないでもらいたいのだが、わたしはお金に糸目をつけずに、上質なものを買ったほうがよい、と言っているのではない。そもそも節約の本でそんなことをすすめるのは愚の骨頂というものだ。

私が言いたいのは、**「欲しいものが高くて買えないから」という理由で安物で手を打ってはいけない**ということだ。安物を買い続けたところで、役に立たないものが増えるだけだ。そんなことをするくらいなら、本当に欲しい上質なものを、お金を貯めて買えばいい。

私には子どもが三人いる。子ども服の場合、一番上の子に質のいいものを買えば、一番下の子まで着られる。

ところが、安物となると、下の二人にまわすどころか、一番上の子が着る間も持てばいいほうである。質のいい服は高いとはいえ、安物の服の三倍以下の値段であれば、質のいい服を買ったほうが結局は得なのだ。

ルール40
一回あたりのコストを計算する

三万円のコートはお買い得だろうか？

一万円のブーツは？


答えは、一概には言えない。

お買い得かどうかは、その品を使う回数によっても変わってくるからだ。たくさん使うなら、多少高くてもよいだろうし、せっかく買っても一シーズンに数回しか着ないのなら、間違いなく高い買い物になる。


つまり服を買うときには、「一回あたりの着用コスト」を考える必要がある。価格を着る回数で割った値を求めるのだ。

私の親しい友人も、「一回あたりの着用コスト」を考えて服を買っている。

たとえば、結婚式に着ていくフォーマルなコートを三万円で買ったとしよう。それを年に二回しか着なかったら、一回あたりの着用コストは一万五千円だ。ところが、寒い季節に週五回着るとなれば、一回あたり約二〇〇円になる。

使用頻度に応じて品物の価値を決めるのは、実に合理的な方法である。一回につき一万五千円なら高いように感じるが、二〇〇円だと思うとずいぶんお得感がある。

私の友人は、基本的に服を買うときにしかこの計算方法を使わないが、もちろん、キッチン用品から子どものおもちゃまで、様々なものに当てはめることができる。

自分にとっての商品価値が計算できるようになれば、無駄な買い物は自然と減る。

ルール41

価格を見ないで試着する

衣服を買うときの節約方法をもう一つ紹介しよう（もちろん、衣服以外にも使える）。その方法とは、**「試着して鏡を見るまで価格を見ない」**というものだ。

1　気に入った服を見つけたら、まずは試着する
2　試着してみて気に入ったら、いくらまでなら出すか、自分で価格を決める
3　「一回あたりの着用コスト」も計算する
4　試着していた服を脱いで値札を見る
5　その値段が自分で決めた価格よりも安ければ買う。高ければ買わない

自分で決めた価格より高かった場合に「買わない」と決断する——ここが、この方法の一番難しいところである。気に入っているのに、買わずに店を後にするのはつらいだろう。

値札を見ながら、「いや、実はこのぐらいの値段でもいいと思っていた」と自分に嘘をつきたい思いに駆られるかもしれない。だが、本気で節約したいなら、決して誘惑に負けてはいけない。

どうしても買いたいなら、こう考えてはどうだろう。

今回買わないからといって、一生買わないとは限らない。

セールになれば、自分が考えた価格まで下がるかもしれない。本当に下がったら、待った甲斐があったと嬉しくなる。

もし下がらなかったとしても、買わなかっただけ節約になる。しょせん、価格に見合う値打ちがなかったのだと考えればいい。

ルール42

ネット通販の達人になる

ネット通販での買い物にはメリットが多い。特に地方に住んでいる者にとっては非常にありがたい存在である。

もちろん、都市部に住んでいる人にもメリットがたくさんある。

ネット通販にはたいてい送料がかかるが、店舗に買いに出かける交通費やガソリン代に比べれば、たいてい送料のほうが安い。それに買い物時間の節約にもなる。先にも一度述べたが、時間の節約は、お金の節約につながる。

ネット通販を賢く利用すれば、時間と交通費以外にもいろいろと得をすることがある。

そのためのポイントを、いくつか紹介しよう。

・同じ商品を扱う会社が複数ないかをチェックする。複数あるなら、無料で返品を受け付ける会社を選ぶ

- 一定額以上の購入で送料が無料になる場合がある。その場合は、買いたいものの合計金額がその額に達してから買う
- 商品の受け取りを近所の店舗にすれば、送料を払わなくてすむ場合がある
- セールをするネットショップは多い。セールの時期を把握すれば安く買える
- 期間限定で送料を下げるキャンペーンを設けるところが多い。タイミングを図れば送料を安く上げられる
- クーポンコードの入力で割引を受けられる場合もある。グーグルで検索すれば、意外と簡単にクーポンのコードが見つかることも多い。検索するときは、店舗名に「クーポン」というキーワードを加えるとよい

ルール43

価格に合う価値があるかを見極める

よいブランドの商品には、余分にお金を出すだけの価値がある。価格は高いが、その分長く使えたり、性能がよかったりする。

だが、残念ながら、それだけの価値がない場合もある。

たとえば化粧品のマスカラ。下は千円程度のものから、上は一万五千円のものまである。一万五千円のマスカラには、その値段だけの価値があるのだろうか？

高いだけのよさがある商品もあれば、単にブランド名が付いているだけのものもある。

では、どの商品がどちらに属するのか？　それは自分で調べないといけない。

化粧品については、ちょっとした見分け方がある。私の体験談ではない。化粧をしたことはないが、化粧品について調べてみたことがあるからだ。そのときの調査で、**化粧品の種類によって、品質が価格に比例するものとそうでないもの、お金をかけるべきものとそ**

うでないものがあるとわかった。

・コンシーラー、口紅、マスカラは安くてもいいものがある

・ファンデーション、リップグロスは、高いものには優れた技術が使われている。そうした技術を重視するなら、高いお金を出す価値はある

・シャンプーやコンディショナーは、値段が高くてもあまり意味がない。美顔パック、ハンドクリームも同じ

車、子どものおもちゃ、バッグなど、これから買うつもりの商品について自分で価値を調べてみよう。

ネットで調べてもいいし、その商品に詳しい知り合いに尋ねてみてもいい。ブランド品にはネームバリュー以外にどんなメリットがあるのか探ってみよう。

ルール44

「大容量」と「まとめ買い」で安く上げる

シャンプーや食器用洗剤などの日用品は、大容量サイズのものを買おう。生活用品は、一軒の店でまとめ買いして割引してもらおう。一度にたくさん買えば、それだけお得になるからだ。

大きなサイズのシャンプーを買っても、そのまま浴室に置いて使うことはない。物置や流しの下などにストックしておいて、使いやすいサイズの容器に中身を移し替えればいい。安い商品の大容量サイズを買って、高いブランドの容器に移し替えるのも面白いかもしれない。ルール43で見たとおり、シャンプーやコンディショナー、ハンドクリームなら、高くても安くても、実用上はたいして変わりはない。

石けんやオムツなどの日用品は、大容量サイズでの購入やまとめ買いに適している。店舗で買うのもいいが、ネットでの購入もおすすめだ。

私の友人に、まとめ買いは絶対にネットショップと決めている男性がいる。彼は自分の買いたい品がすべてそろっているネットショップを見つけると、こんなメールを送って割引の交渉をするそうだ。

「六万円相当の品を買いたいと考えています。他店で買ってもいいのですが、割引してもらえるなら、今すぐこの店で買います」

そうすると、大半の店が、一〇〜二〇パーセントの割引を申し出てくれるそうだ。

ルール45

まとめ買いは小さな店で

ルール44の話の続きになるが、同じまとめ買いでも、小さい店で買ったほうが割引してもらえる確率が高い。

小さい会社は融通が利きやすいので、おまけや値下げが期待できる。ネットショップでも、商店街の店でも、青空市場でも、小さい店ほどまとめ買いしたときのサービスは大きくなる傾向がある。

常連客になるのも一つの手だ。顔なじみになれば、割引してもらえたり、おまけを付けてもらえたりする。

戦時中の肉屋は、得意客のためにソーセージをカウンターの下に隠していた。最近でも、小さい店は、この肉屋のように得意客をつなぎ止めようと必死である。

よい品を安く売る店を見つけたら、頻繁に通って顔を覚えてもらおう。店側も生き残るために必死なはずだ。また来てもらえるようサービスの限りを尽くしてくれるに違いない。

ルール46

農家直売を利用する

私は農家の直売所が大好きだ。

直売所を見つけたら、ぜひ一度立ち寄ってみてほしい。楽しくて、二時間くらいはあっという間に過ぎてしまう。

果物やチーズ、肉類、果実酒など、いろいろと試食や試飲ができることもある。

実は、農家の直売が小売店よりも安いとは限らない。ただ、品質を考えるとお買い得であることが多い。特に有機野菜は、スーパーと比べて安いうえに、ずっと美味しい。

節約を最優先に考えるなら、直売所もスーパー同様閉店の一時間前に行くのが望ましい。その時間になれば、交渉次第で（場合によっては交渉しなくても）残っている品を破格の安値で手に入れられる。

ルール47
値切るクセをつける

大手スーパーマーケットで野菜や缶詰めをレジへ持っていき、「五〇円まけてくれ」と言っても、それは無駄というものだ。だが、**交渉次第で値引きしてくれる店はたくさんある。**

値切るのが当たり前の国で暮らす人はいいが、私の暮らすイギリスでは「値切るなんてはしたない」との固定観念があるから（なぜか中古車を買うときだけは、値切るのが当たり前となっているのだが）、それを乗り越える必要がある。

値引き交渉が当たり前の、地中海沿岸やアラブの市場にまで買い物に出かけてもいいが、それよりも値切るクセをつけるほうがずっと簡単だ。値切り交渉に慣れるためのコツを紹介しよう。

・「値切る」という意識を捨てよう。「割引できないか尋ねるだけ」だと考えよう。そう

考えれば、恥ずかしさを感じなくなる

・大手チェーン店では、社員には値引きを認める権限がない。できるだけ上の立場の人間を交渉相手に選ぶとよい。一番望ましい交渉相手は店の責任者

・「すごく気に入っているんですけど、予算よりちょっと高いんですよねえ」という具合に、交渉するときの台詞を事前に考えて練習しておこう

・値引きしてもらえなかった場合、または値引き交渉をしたくない場合は、何かおまけしてもらえないか尋ねるようにしよう

・ネットならメールでのやりとりになるから、直接交渉を恥ずかしいと感じる人にはおすすめだ。ネットでの値引きに成功したら、店で直接交渉する勇気も出るはずだ

ルール48

価格を比較する

定価よりも安く買う方法は、値引き交渉だけではない。

できるだけ安く買おうと思うなら、**欲しいと思う商品を見つけても、すぐその場で買ってはいけない。**

今の時代、実際にお店を何件も回らなくても、ほかの店の価格を調べる方法はいくらでもある。ネットで調べれば、様々なネットショップの価格がわかるし、価格を比較するサイト、オークションや中古品市場のサイトなどもある。

これからは、「一回見ただけの商品をその場で買わない」と心に誓おう。

また、ある程度以上高い金額（たとえば三千円以上）の商品を買うときは、最低でも三つの店の値段を比較すると決めておこう。

配送料などのコストのチェックも忘れずに。購入にかかる「総額」を確かめること。

私の友人に、価格のチェックを定期的に行っている男性がいる。彼はお買い得品を見つけたと言っては、大喜びで私に教えてくれる。

ものによっては、配送料を足しても海外の店で買うほうが安いこともあるようだ。自分の買ったものの価格がどこよりも安いとわかれば、これほど気分のいいことはない。

ルール49

後で売ることを考えて買う

どうしても必要だが、買ったとしても一生使い続けることはない――そういうものが誰にでもある。車やベビー用品、仕事上必要な電子機器などは、その代表だろう。

こういったものを買うときは、「用済みになったら売る」と自分に言い聞かせておこう。買う前から、売るときのことを考えていればなおよい。いくらくらいで売られているかチェックし（オークションサイトを覗けばすぐにわかる）、中古品になっても一番高く売れそうな品を選ぼう。

中古で高く売れるということは、質がよい証拠である。思っていたよりも値が張るかもしれないが、商品によっては中古品市場で飛ぶように売れるものがある。

新品と大して変わらない額で売れることも珍しくない（特にオークションではその傾向が強い）。そうなれば、調べただけの甲斐があったというものだ。

「用済みになったら売る」ということを、使っている間も常に意識すること。いくら人気の品でも、大事に使わないと高値で売れなくなってしまうからだ。**自分の持ち物というよりも、借り物だと思ったほうがいい。**

結局は、上質のものを格安で使えることになるのだから、こんなうまい話はない。

ルール50

インターネットでお買い得品を見つける

インターネットは、売買の頼もしい味方である。売りたいと思えばたくさんの買い手がいるし、買いたいと思えばたくさんの売り手がいる。

ネット上には、不要になったものを売買できるオークションサイトがたくさんある。そういうサイトをうまく活用することが、支出を減らす近道の一つだ。

利用には登録が必要だが、大手のサイトなら安全に取引できるよう配慮されているし、金銭のやりとりも簡単だ。

オークションサイトを利用したことがないなら、まずはサイトを探して、いろいろと見てみることから始めよう。

オークションサイトでは、あらゆるものが売買されている。私の知り合いには、子ども服の売買に利用している人が多い。

大人になったら、呆れるほどの金持ちでもない限り、または急に痩せたり、太ったりしない限り、ぼろぼろになるまで服を着る。服を買う金銭的余裕がなければ、新しい服を買わなくてもそれほど困らない。

だが、子どもは大きくなるのでそうはいかない。また、**バレエシューズやレオタード、スキーウェア、サッカーシューズなど、週に一度しか使わないようなものも、オークションなどで売買するのに最適**だ。

オークションサイトでは売買になるが、なかには無料で譲ってもらえるサイトもある。ただし、送料の負担は必要になることが多い。この手のサイトには、芝刈り機や冷蔵庫からウサギ小屋まで、様々なものが出品されている。

子どものプレゼントになりそうなものも多い。支出を抑えたいなら利用しない手はない。

ネット上には似たようなサイトがたくさんある。ネットに慣れてくれば、効率よく売買できるサイトや、無料で欲しいものが手に入るサイトなど、いろいろと見つけられるようになる。

ルール51

メールマガジンを購読する

インターネットでの買い物に慣れたら、次はネットショップが発行するメールマガジンの購読をおすすめしたい。

どうしてそんなことを、と疑問に思われるかもしれない。

ただでさえ、メールの受信ボックスは迷惑メールでいっぱいなのだから、これ以上不要なメールはかんべんしてほしい……そう思う気持ちはわかるが、実はこの考え方が大間違いなのだ。

ネットショップは、メールで顧客にお買い得品を知らせてくれる。メールマガジンを購読すれば、「今月は送料無料」「一万円以上のご注文で一〇パーセントオフ」といったお得な知らせが舞い込んでくるのだ。

考えてみてほしい。近所にある八百屋やスーパー、パン屋でさえ、顧客をつなぎ止めるのに苦労している。

顔を合わせることのないネット上の店舗では、リピーター顧客を得るのはさらに大変だ。だから、ネットショップは様々なセールや特典を用意して顧客の興味を引き、なじみのリピーター顧客にしようとするのだ。

もちろん、いくらお買い得品が多いからといって、冷静さを失ってはいけない。お買い得情報が送られてくるたびに買っていては、余計なものばかり増えて無一文になってしまう。こんな愚かなことはない。

「他の店と比べて明らかにお買い得な品、以前にその店で買って品質に満足した品以外は買わない」とルールを決めておこう。そうすれば、節約の大きな助けとなってくれる。

ルール52

オークションで購入する

経験のない人が、オークションでの買い物を「怖い」と思う気持ちはよくわかる。「手頃な中古の食器セットを買うつもりだったのに、いつの間にか、値段がつけられないといわれる芸術作品を落札するようなことになってしまったらどうしよう……」といった不安を抱いているなら、これを機に認識を改めてもらいたい。

オークションはうまく利用すれば、驚くほど安く買い物ができる。特に、車、コンピューター、電化製品、住宅、土地など、高額なものほどお得である。

オークションで買い物をするコツは、**自分が出せる額の上限をあらかじめ設定しておいて、絶対にその額を上回らないようにする**ことだ。

また、買おうとする品は自分にとっていくらの価値があるのか、しっかりと見極める必要もある。

「自分は何が欲しいのか」を冷静に判断する必要があるのは言うまでもないが、市場相場をチェックするなど、入念に下調べをしておくことが大切だ。

そして、決めておいた予算で買えないなら、きっぱりとあきらめること。本命の品が買えなかったからといって、別の品を買うのは御法度である。

ついつい熱くなるタイプで、予算の上限を守る自信がないなら、代わりの誰かに自分の上限額を伝えて、オークションに参加してもらえばよい。

ただ、「誰か」といっても、同じく興奮しやすく感情に流されやすいタイプの人に頼んでは、後悔することになるかもしれない。常に冷静で慎重にものごとを進めるタイプの人に頼めば安心だ。

ルール53

水を買わない

自分がペットボトルの水にいくら使っているか、計算したことはあるだろうか？銘柄によって値段のばらつきがあるから一概に言えないが、毎日一リットル飲むとすれば、少なくとも年間で四万円以上になるはずだ。一度、自分で計算してみてほしい。カフェやレストランでもミネラルウォーターを頼めば、スーパーなどで買うよりもはるかに高いお金を請求される。

それに、そもそもペットボトルの水は、工場でボトル詰めされて各地に輸送されている。様々な面で、環境にもよくはない。

水を買うお金でほかに何ができるかを考えてみよう。

四万円と考えれば、家族の食費の二週間分程度にはなるはずだ。それを外食にあてることもできるし、クリスマスに贅沢をすることもできる。母親に毎月花を贈ることにしてもいい。

ほかにもできることはたくさんある。楽しい使い方ではないが、請求書の支払いにまわしてもいい。

どうしても水道水を飲みたくなければ、浄水フィルターを取り付けたうえで、水道水を水筒に入れて持ち歩けばよい。

「でも、それじゃあ炭酸水は飲めないじゃないか」と不満に思うなら、炭酸水を作るカーボネーターを買えばよい。それでもペットボトルの水を買い続けることを思えば、安上がりなはずだ。

ルール54

買い物は金銭感覚が近い友人と

友人と買い物に出かけるのは楽しいが、問題もある。

友人から、「すごく似合う！」などと言われれば、ついついテンションが上がり、冷静にサイフと相談するのが難しくなってしまう。

「そんなことは、女性同士で服を買いに行ったときだけ」と思う男性がいるかもしれないが、それは大きな誤解だ。これは決して女性に限った問題ではない。

たとえば、中古車センターやスポーツ用品店などでは、同じような会話をしている男性が大勢いる。

友人と買い物に行くなら、自分と同じ程度の金額までしか使わないような友人を誘うようにしよう。そして、出費を抑える協力を取り付けよう。

たとえば、格安品探しをしようと提案してもいい。千円以内で誰が一番いいものを見つけられるか、競争しようと提案してもいい。

まったくお金を使わなかった人にはご褒美を渡すというルールにして、いかにお金を使わずにいられるかを競うのもありだ。

そうやってお金を使わずに楽しもう。いい商品を見つけても、「お金が貯まったら買おう」と心に留めておけばいい。

3
章

心豊かに
食事を楽しむ
10のルール

How
To
Spend
Less

ルール55

自炊する

すぐに食べられるお総菜や、温めるだけのインスタント食品を買いはじめると、ついついクセになってしまう。

長く忙しい一日を終えた後に、誰が好き好んで料理したがるというのか——そう言いたくなる気持ちはわかる。

これも、結局は習慣の問題だ。

「疲れているから」「時間がないから」というのは、言い訳に過ぎない。手早く簡単に作れるメニューはたくさんある。それに、**自分で料理したもののほうが、間違いなく身体にもいい。**特にインスタント食品は塩分が多いうえに、添加物の問題もある。

自炊の習慣のない人でも、次のようなものなら簡単に作れるだろう。手早くできて、健康的で、お金もあまりかからない。

・食パンにチーズとトマトを乗せてトースターで焼く
・早茹でタイプのスパゲティを茹でて、ほうれん草とナッツを和える
・卵に刻んだ野菜を混ぜてオムレツにする

ここに挙げた例はほんの一部だ。後は自分でレシピを調べてみよう。

最初のうちは、週に一、二度作れば十分だ。それだけでもずいぶん節約になるし、そこから徐々に回数を増やしていけばいい。

自炊に慣れたら、余分に作って冷凍保存しておくと便利だ。そうすれば、帰りが遅くなったときや、すごく疲れているときでも、温めるだけで食べられる。

ルール56

料理のレパートリーを増やす

家計が苦しいからといって、食べる量を減らすのは大変だ。量を減らすのではなく、食材を安いものに切り替えることで節約するように工夫しよう。

といっても、お腹がふくれる食材だけにしろ、という意味ではない。安上がりで、美味しくて、健康的で、なおかつお腹も満足する——そんな料理のレパートリーを増やすことを目指していこう。

値段が安い食材として、まず思いつくのは炭水化物だ。炭水化物は基本的に安い。炭水化物が増えることで健康面が気になるなら、玄米や雑穀米、全粒粉のパスタなどを取り入れることをおすすめする。

本書のメインテーマは節約なので、節約と同時にどこまで健康を意識するかどうかの判断は、各自にお任せしたい。

炭水化物を中心にした料理のバリエーションとしては、リゾットやパスタ、パンを添えた根菜のスープ、カリフラワーなどの野菜にチーズソースをかけただけのチーズグラタンなどがある。

こうしてメインディッシュを節約すれば、好きなデザートを付ける余裕ができるかもしれない。

お金をかけずに肉を食べるなら、スジ肉や内臓といった安い部位を使った煮込み料理をマスターするのがおすすめだ。炒めものやステーキ、ローストは安い部位には向かない。煮込みが最適だ。

安い部位でも、じっくりと柔らかくなるまで煮込めば、旨味が最大限に引き出されて最高の味わいになる。実のところ、内臓やスジ肉こそが、肉の中でも特に味わい深い部位なのだ。

ルール57

ベジタリアンになる

焼き肉、ステーキ、チキンの煮込み……。肉料理は誰もが大好きだが、肉は高価な食材である。つまり、肉を買わないだけで手っ取り早く節約ができるということだ。

肉をまったく食べないのは寂しいという人でも、少し量を控えるだけでいい。週の半分だけベジタリアンになってみるのはいかがだろう。

肉中心のメニューでは、野菜は添え物でしかない。だから、肉料理に慣れている人は、野菜だけで何を作ればいいかわからず途方にくれる。いきなり肉料理をやめて、「肉を食べない日はマッシュポテトだけ」となってしまっては、さすがに続かないだろう。

まずは、**普段のレパートリーを野菜だけで作ってみよう。**

ベジタリアンの料理のレパートリーはたいしたものだ。肉を使わずに、肉料理のようなメニューを上手に作ってしまう。ベジタリアンも同じ人間だ。彼らにできて私たちにできないはずはない。

まずは肉なしの煮込み、挽肉を入れないラザニアやボロネーズソースなどから始めてみるといいだろう。

私が本当に貧乏でどうしようもなかったとき、育ちざかりの子どもたちに野菜だけで作ったボロネーズソースを食べさせていた。レシピは簡単だ。

1　冷蔵庫の残り野菜をかき集める
2　フライパンで炒める
3　トマト缶と調味料を加える
4　それをミキサーにかける

これで〝肉なしボロネーズソース〟の完成だ。

私の密かな楽しみは、このソースにマッシュルームを入れることだった。息子はマッシュルームが嫌いで、アレルギーだと言い張っていたが、今でもあのソースにマッシュルームが入っていたとは気づいていない。

ルール58

食材を自分で育てる

食材となる野菜や果物を自分で育てれば、当然その分のお金が浮く。

こうした作物を育てるには、時間と場所と体力、さらには道具と知識も必要だ。「そこまでやりたいとは思わない」という人もいるだろう。

しかし、実際にやってみると、それほど難しいことではない。誰でも、どこに住んでいてもできる。

休日返上で広大な畑の世話に励み、コンテストで優勝するような立派なカボチャを育てよう――というようなことをおすすめしているわけではない。そんなイメージを抱いていれば、やる気が起きないのも当然だ。

始めるときは、できるだけ小さな規模にしよう。やってみて、もっといろいろ育てたくなったら、少しずつ種類を増やすことを考えればよい。

たとえば、夏に窓辺でバジルやパセリ、レモンタイムなどのハーブを育てるのはどうだろう。それほど難しくないし、料理用のハーブが格安で手に入るのだから十分節約になる。小さな窓辺が唯一の栽培スペースだとしても、ハーブやイチゴぐらいなら育てられる。

テラスなどのちょっとしたスペースがあるなら、グローバッグ（細長い袋状になった、野菜や果物の栽培用培地）が置けるだろう。プランターでイチゴやブルーベリーを育てるという手もある。

小さくても庭があるなら最高だ。花壇の一角にレタスを植えたり、ハーブやニンニク、ラディッシュなどを育てたりすることもできる。

私が初めて野菜の種を蒔いたとき、「芽が出ても、どうせ枯れるか虫食いだらけになるだろう」という気持ちだった。だが種の説明書のとおりに世話をすると、すくすくと成長し、本当に美味しい野菜が実った。

なんであれ、自分で育てるというのは楽しいものだ。あなたもぜひ挑戦してみてほしい。

ルール59

残り物を使いきる

私の祖母の時代には、残り物が出たら、何かと工夫して食べるのが当たり前だった。でも今では、残り物を上手に活用する人は、ずいぶん減ってしまった。

そもそも、「少なめに買って食べきれば残り物は出ない」と思うかもしれないが、どうしても残ってしまうときはあるものだ。そんなときに、残り物をうまく使えれば、一食分の食費が節約できる。

買い物をするときは、残り物を翌日にどう活かすかについても考えるようにしよう。普段よく作る料理なら、何がどのくらい残るか大体予想がつくはずだ。

たとえば、ロースト肉に付け合わせるイモやキャベツが残りそうだったら、その翌日にはイモとキャベツの炒めものにすればいい。ソーセージやちょっとした野菜を足せば立派な一品になる。

イモもキャベツも使わない別の料理を作ってしまってから、冷蔵庫を開けて「ああ、この残ったイモとキャベツ、どうしよう」と頭を抱えるよりずっといい。

何が残るか見当がつかないなら、消費期限の近い食品がないかチェックし、あればそれを使いきることを考えてみよう。それも食べ物を無駄にしない方法の一つだ。

創造力をフルに活用して、残り物をきれいに使いきることを目指そう。インターネットで検索すれば、様々なレシピが見つかる。煮込み料理やリゾット、カレー、パスタ、サラダなど、いろいろ挑戦してみるといい。

逆に、残り物が出ないことが悩み、という人がいるなら、缶詰めを棚に買い置きしておけば、急な空腹に襲われても安心だ。

ルール60

冷凍庫を活用する

食品は、傷む前に凍らせてしまえば捨てずにすむ。それが冷凍保存の大きなメリットだ。料理を多めに作って冷凍保存することも、もちろん可能だ。これは、「お金の節約」というよりも「時間の節約」の意味合いが大きい。「お金の節約」に直結するのは、残り物の冷凍保存だ。

冷凍庫に、栄養バランスのとれた手作りの料理や食材がストックされていると、充実感と安心感が得られる。自分で調理した冷凍食品は、幾重にも包装された、添加物いっぱいの市販の冷凍食品より、ずっと健康的だ。

冷凍していいのか迷うもの、どうやって冷凍していいかわからないものもある。そこで、**案外知られていない冷凍保存に適した食材や、便利な冷凍の仕方を紹介しよう。**

・固くなったパンは、クルトンやパン粉にして冷凍する

・レモン汁やオレンジジュースを製氷皿で凍らしておくと、料理に使いやすい
・わさびのすりおろしやミントソースは冷凍に適している。冷蔵では六週間程度しか持たないが、冷凍すれば長く持つ
・チーズが残ったら、チーズソースにして冷凍する。クリームチーズ、白チーズ、青カビチーズ、ヤギのチーズなど、どんな種類のチーズでも大丈夫だ
・生のハーブは細かく刻み、水と一緒に製氷皿で凍らせる。スープやシチュー、カレーなどに加えるとよい

冷凍保存に慣れてくると、もっと様々なアイデアが思い浮かぶようになるだろう。残り物が出たとき、その食材を買うのにいくらかかったかを計算すれば、冷凍庫を活用して元をとりたくなるはずだ。

ルール61

料理の量を減らす

私の家は大家族だ。大人数向けに料理するクセがついている。だから、少ない量を作るのが本当に苦手だ。

いくら残り物をうまく活用しているといっても、やはり残らないようにすることは心がけたほうがいい。結局、買った分をきれいに食べきることが一番経済的だからだ。

食品の中でも、特に炭水化物はよく捨てられる。それほど値段の高いものではないが、お金がかかっていることに変わりはない（……これは私の母親の口癖だった。まさか自分が同じことを言うようになるとは……）。

パンを一斤買ったら、すぐに半分は冷凍してしまおう。また、米やイモも、調理しすぎないよう心がけることが大切だ。

食卓に登場する回数が多いお気に入りの料理は、家族が食べる量を観察し、把握してお

こう。食材ごとに量を覚えておけば、作るときの参考になる。

私の家を例に話そう。

子どもたちを観察したところ、好物のマッシュポテトなら、一人あたりジャガイモ一個分を一度に食べるとわかった。それ以来、一人一個で計算して作っているが、いつも残さずきれいに食べてくれる。

皿の大きさで測るという手もある。我が家では、マカロニチーズやラザニア、ムサカ、パイなどは、いつも同じ楕円形の皿に盛る。その皿が、家族で食べきるのにちょうどいい大きさだとわかっているからだ。

もうひとつ、健康的な食事のための便利な目安をお教えしよう。

一回の食事で採るべき野菜の分量の目安は、自分の握りこぶしだ。**握りこぶし分くらいの野菜を食べたら合格点**だと覚えておくとよい。

ルール62

食習慣を見直す

自分の食生活で、高くついているものはないか考えてみたことはあるだろうか。ペットボトルの水以外にも、まだ見直せるところがあるのではないだろうか。

私から、見直せそうな食習慣を三つ提案したい。このどれにも当てはまらない人がいるなら、食べたもの（飲んだもの）を一週間記録してみてほしい。そこから、削れるものが見つかるかもしれない。

●毎晩のアルコール

私は赤ワインが大好きだ。毎晩自宅でワインをグラス一、二杯程度飲んでいる。シャトー・マルゴークラスの高級ワインには手を出さないが、それでも週に二本開けると二千円にはなってしまう。

毎晩のアルコールをやめた人に話を聞くと、経済的なメリットと同時に、身体の調子もよくなるそうだ。

●出勤前のコーヒー

出勤前の目覚ましに、カフェに立ち寄ってブレンドコーヒーやカフェラテを飲んでいるのでは？

コーヒーにせよ紅茶にせよ、買って飲む習慣のある人は、一杯の値段に五をかけて、毎週払っている飲み物代を計算してみよう。その額に四八をかければ、おおよその年間にかかる毎朝のコーヒー代になる。

わざわざカフェでコーヒーを買わなくても、自宅で水筒にコーヒーを入れていけばよい。

●昼食

昼食を買って食べると、年間いくらになるか考えてみてほしい。多少贅沢な食材を使ったとしても、お弁当を作って持参したほうが安くつく。

ルール63

食べきれるだけの食材を買う

ここでは、食材に限定して話をしたい。なぜかといえば、意外と気がついていない人が多いのだが、支出の多くを占めるのは食費だからだ。

しかも、食費は無理なく簡単に削れる。上手な買い方を身につければ、この先ずっと食費を安く抑えられるようになる。では早速はじめよう。

毎年、どのくらいの食べ物が捨てられているかご存じだろうか?

購入された量の四分の一である。嘘ではない。事実だ。

その中にはバナナの皮や出がらしのティーバッグなど、食べられないものも含まれているが、大半は食べきれずに捨てざるを得なかった食べ物だ。

つまり、食べきれる分だけ買うようにすれば、食費の四分の一近くが節約できる。年間で数万円にはなるだろう。

では、どうすればいいか。すぐに始められることをいくつか紹介しよう。

●献立を決めてから買い物に行く

予定になかったのに、「美味しそうだから」という理由で梨を買い足す、ということはしてはいけない。どうしても梨を買いたいなら、予定に入っていた他の果物をやめること。梨を余分に買っても、食べる果物の量は変わらない。結局は、他の果物を余らせてしまうのがオチだ。

●食べきれないものは冷凍保存する

当分出番がない食材は、冷凍庫で保存しよう。食べたかったのに傷んでしまった、ということのないように。

●「消費期限」と「賞味期限」の違いを知る

「消費期限」は安全に食べられる期日を表すが、「賞味期限」は美味しく食べられる期日を表す。「賞味期限」を多少過ぎても食べられなくなるわけではない。ただし、一度、開封したものは保証の対象外だから要注意だ。

ルール64

プライベートブランド商品を試す

大手スーパーには、PB（プライベートブランド）商品が売られている。これは、大手メーカーの品に比べて安いことが多い。

それなのに、PB商品を買わない人が多いのはなぜだろうか。

見栄を張っている？

それとも、品質が悪いと思っている？

PB商品の製造元は、大半が大手メーカーだ。つまり、自社商品と同じように製造したものを、パッケージを変えてスーパーに卸しているケースがほとんどなのだ。

実際、ビスケットでも赤ちゃんのお尻拭きでも、**商品名や包装が異なるだけで、中身はメーカー品とほとんど変わらない**のである。

ということは、ＰＢ商品があれば、それに切り替えるだけで節約になる。偏見を捨てて一度買ってみよう。使ってみてどうしても好きになれないなら、お気に入りのメーカー品に戻ればいい。

ＰＢ商品の購入はあくまでも提案のひとつだ。どうするかは自分自身で決めてもらいたい。お金を出すのはあなた自身なのだから。

サヤエンドウひとつとっても、洗ってカットされているもの、家で洗わないといけないものが売られている。どちらがいくら高いか、考えたことはあるだろうか？

イモ、ニンジン、タマネギ、レタス、リンゴでもそうだ。果物や野菜は、包装形態やカットの有無、洗ってあるかないかによって値段が変わる。

いつもと同じスーパーで同じ食材を買うのでも、ＰＢ商品に切り替えたり、調理前に一手間かかる野菜に切り替えたりするだけで、ずいぶんと節約になる。**ＰＢ商品と通常のメーカー品を目隠しして食べ比べ、違いがわかるかどうか試してみよう。**

4
章

お金をかけずに
娯楽を楽しむ
10のルール

How
To
Spend
Less

ルール65

家で過ごす

今週末は思いっきり楽しもう。そう思ったら、どこか楽しい場所を探して出かけていき、そこで楽しんで家に帰ってくる――そんな過ごし方がお決まりになってはいないだろうか。

週末に、どこかに出かけるのが習慣になっている人は、楽しい場所の選択肢に、「自分の家」を加えてみてはどうだろうか。

家で過ごせば、娯楽費や食費の節約になるのはもちろん、交通費や託児代、外出着のクリーニング代などまで節約できる。

「そんなの『賢い節約』とは言えない。お金のために週末も犠牲にしろというのか？」と怒る人もいるだろうが、ちょっと待ってほしい。

出かけないからといって、一人で暗く家に閉じこもる必要はない。

「お金がなくて、どこにも行けない」「私はみじめだ」などと嘆き悲しむことはない。

たとえば、友人と居酒屋やパブに出かける代わりに、自宅に招待してはどうだろう。学生時代には、こうした楽しみ方をよくしていたのではないだろうか。

もちろん、学生時代のように「正体を失うまで飲む」といった楽しみ方をする必要はない。一緒に料理をする、好きなテレビや映画を観るなど、リラックスできる過ごし方はいくらでもある。

それに、**友人を自宅に招いて家で飲めば、外で飲むのにかかるお金の四分の一ですむ**から、節約にもってこいの週末の過ごし方ではないか。

自分の家ばかりでなく、友人の家でも集まるようにすれば、自宅で過ごすのは何回かに一回で、残りは友人宅で過ごすことになる。

言ってみれば、これも立派な外出だ。自宅とはひと味違った気分を味わえる。

ルール66

夜遊びは遅い時間から

これもまた、非常にシンプルな節約術だ。

友人と夜に出かけるとなれば、どうしても居酒屋やバーへ飲みに行くことが多くなる。夜遅くまで飲めばかなりのお金になり、ときには予想外の大出費となってしまうことも少なくないだろう。こんな飲み方を続けていては、家計は簡単に傾いてしまう。

飲みに行くのが好きな人は、出かける時間を遅くしよう。

普段八時から出かけていたなら、九時半にしてみる。そうすれば、お金を使う時間が短くなるので、その分確実に節約できる。

この方法は、前のルール65と組み合わせ、集合場所を誰かの家にするのも効果的だ。

例えば、八時には誰かの家に集合する。そして、缶ビールを片手にしばらく雑談を楽しむ。それから出かければ、外で楽しい時間を楽しみながらも、高いビールを飲む量を減らすことができる。

外出は以前と同じように楽しみ、ポケットに残るお金は以前より増える。こんなうまい方法はない。


夜遊びの節約術をもうひとつ。

タクシーで帰るときは、友人と相乗りして割り勘にしよう。

交通費については、さらにいい方法がある。**友人同士で順番を決めて、毎回誰か一人は酒を飲まずに全員を車で送り届けるというルールを作る**のだ。

ソフトドリンクしか飲まないのもたまにはいいものだ。健康にもいいし、アルコールを飲まなければ、ずっと安く上がる。それに、数回出かけるうちの一度だけのことだ。

ルール67
物々交換会を開く

節約したいと思っているのは、あなただけではない。周りの人も巻き込んで、一緒に節約を楽しむ方法をご紹介しよう。

やり方は簡単だ。

1　週末、友人や知り合いで集まる「時間と場所」を決める
2　持ち寄るものの「テーマ」を決める
3　各自が、自宅にある「不要なもの」を三つ持ってくる
4　自分のものが自分に当たらないように交換する

これで**まったくお金をかけずに、全員が新しいものを三つずつ手にすることができる。**
テーマは、集まる人の興味やニーズに合わせて決めるといい。

・子ども用のおもちゃ
・衣服
・キッチン用品
・クリスマス用品
・ガーデニング用品

……など、メンバーで好きに決めればいい。

お気づきだろうが、これは自宅で楽しめる安上がりなイベントでもある。交換するものと一緒に何か食べ物も持ち寄ってもらえば、食事にかかるお金も安くすむ。

ルール68

友人との食事はディナーよりランチ

多くのレストランでは、ディナーの半額以下の値段でランチを提供している。しかも、食後のコーヒーまでサービスで付いてくる店も多い。これを利用しない手はない。

ビジネスパーソンや子どものいる人には時間の調整がやや難しいかもしれないが、楽しく節約したいなら、平日でも、週末でも、ランチを有効に活用しよう。

ランチは、時間が短くて物足りないのでは、と思うかもしれないが、決してそんなことはない。食事をしながらおしゃべりもできるし、ゆっくりとコーヒーも飲める。さらに、夜に使える時間が増えるというメリットもある。

ディナーに出かけるのに、安い店を探すのは確かに節約になる。でも、それなら、**そもそもディナーを避けること自体が節約だ。ランチに変更すれば、同じ費用でお店のランクはずっと上を狙える。**

日曜日に、友人と待ち合わせて遅めの朝食をとるのもいいアイデアだ。私も子どもが生まれるまでは、よくやっていた。

適当な時間に落ち合って、クロワッサンとオレンジジュースの朝食をとりながら会話を楽しみ、のんびりと新聞を読む。夜に飲みに行くのに比べてどれほど節約できたか、という話で盛り上がるのも一興だ。

ルール69

レストランでは料理をシェアする

私の場合、レストランで食事をすると決まって食べすぎてしまう。食後は、動けなくなるようなこともよくある。

お金に余裕があっても、必要以上に食べることには何のメリットもない。ましてや、節約を考えているときに、レストランで食べすぎるのは、愚かとしか言いようがない。とにかく、食べすぎは禁物である。

ここでは、レストランで食事をするときの、賢いオーダーの仕方を考えてみよう。

前菜やデザートは、人数分よりも少ない数を注文し、分け合って食べるようにしよう。

一つの皿を皆でつつくのが嫌なら（私はこれが苦手だ）、人数分の取り皿をもらって取り分けてしまおう。そうすれば、誰かに多く食べられる心配もない。

お店に失礼なのでは、などと心配する必要はまったくない。そもそも、**レストランでの食事で、必ずしもコースを頼む必要はない**のだ。実際、私の妻は、いつもメインは頼まずに前菜を二つ頼むことにしている。

こうやって一皿をシェアすれば、一番食べたい料理（たいていは一番高い料理）も我慢せずに、食事代を節約することができる。

お目当ての一皿を独り占めにすることはできないが、分ける相手は一緒に食事をするほど親しい間柄なのだから、それもよしと考えよう。

食後のコーヒーやブランデーは頼んではいけない。レストランで頼めば高くつくからだ。自宅や友人の家に場所を変えて、楽しもう。そうすれば、淹れたてのコーヒーもブランデーも、スーパーの値段で楽しめる。

ルール70

旅行の手配はギリギリまで遅らせる

旅行に出かけるとき、出発日の直前に予約をすると得をすることがある。つまり、目的地や宿泊するホテルにこだわらなければ、大幅な値下げが期待できるのだ。

訪れたい場所が決まっている人にはおすすめできる方法ではないのだが、**行き先にこだわらずにふらりと旅をするというのも、旅を安く楽しむ方法のひとつ**である。

とはいえ、家族旅行やグループ旅行では、そんな自由な旅は難しいだろう。個人旅行でも、ギリギリまで行き先がわからないのは不安だという人も多いかもしれない。

直前に予約すること以外にも、旅行費用を安く上げる方法はある。

旅行の費用では、交通費と旅先の宿泊代にばかり目がいきがちだが、食事代や遊びにかかる費用や、出発前日に空港近くのホテルに泊まる場合などにはその代金など、節約できるところはたくさんある。

インターネットの活用が、ここでも節約の鍵になる。

お得なプランを提供する旅行会社はないか探してみよう。グーグルを使えば簡単だ。**目的地や訪れたい場所と一緒に「クーポン」「割引」と入力してみよう。** 安い割引プランや、予定外の楽しみ場所が見つかるかもしれない。

ルール71
近場を旅行する

私は暇があれば旅行に出かけるほうなのだが、お気に入りの旅先を挙げるとなると、そのほとんどが国内のどこかになる。

私はイングランド南西部に住んでいるが、子どもと一緒の旅行なら、地元のビーチに勝る場所はないと思っている。

夏になれば、ヤシの木が立ち並ぶ砂浜に、輝くばかりの日差しが降り注ぐ。目を閉じれば、そこはもうパラダイスだ。高いお金を出してわざわざ遠くに行く必要がどこにあるというのだ。

海外のリゾートに目を向ける前に、家から気軽に行ける範囲に目を向けてみよう。行ってみたいと思う場所がきっと見つかるはずだ。

近場のよさを知らないままでいるのはもったいない。**地図を広げて、まだ訪れたことの**

ない、気軽に行けそうな場所を探してみよう。

旅の楽しみ方にもいろいろある。

ハイキングに出かける。川でボートを漕ぐ。歴史ある街を散策する。電車に乗って美しい景色を楽しむ。文化遺産を見る。庭園の美しさに息を飲む。テーマパークを満喫する……選択肢をあげればきりがない。

せっかくロンドンに住んでいるのに、ロンドン塔に行ったことがない人は山ほどいる。**お金に余裕がないときこそ、身近な場所を訪ねる絶好の機会**だ。「近場にしか行けない」のではない。「近場に行けるチャンス」なのだ。

英国での旅を語るなら、雨ばかりで悪名高い「英国の天気」について触れないわけにはいかない。天気は予測のつかないものだが、英国では「晴れ」は期待しないほうがいい。

旅行中に雨が降ると、私の母は、がっかりした様子も見せずに決まってこう言った。

「あらあら！　専用のビーチができたわよ」

ルール72
旅先で働く

旅行するお金がないなら、まったくお金をかけない旅をすればいい。どうするのかというと、旅先で仕事をするのだ。その気があるなら、格安（場合によっては無料）でできる旅行はたくさんある。

当然ながら、フリータイムの確保や目的地の選り好みはあまりできないが、それで旅が台無しになることはない。**興味のある仕事をしながら新たな出会いがあるのだから、素晴らしい旅になる**はずだ。

万が一、〝生涯最高の旅〟とは言えなかったとしても、かかったお金が少ないことを思えば納得できる。

自然を満喫したいなら、ボランティア活動を伴う旅がおすすめだ。

雑木林の整備や垣根作りは、万人が好むものではないかもしれないが、こういうことが好きな人にはまたとない経験となる。同時に、多くのことが学べるはずだ。

ブドウの収穫作業者として、あるいは何かを教える立場で海外に行くなら、観光はほとんどできないと思ったほうがいいかもしれない。

それでも、仕事をまっとうして給料をもらえば、そのお金で滞在を延長し、本当の休暇を楽しむこともできる。

ルール73

為替レートのワナに注意する

海外を旅行するときには、滞在先の通貨が必要になるが、これが要注意だ。

個人で通貨を買う場合は、たいてい不利な為替レートでの取引になる。しかも、**元の通貨に戻すときには、ほとんどの場合、買ったときよりもさらに低いレートの買い取り**になってしまう。

通貨の売買でなるべく損をしないためには、次のことを心がけよう。

- インターネットで、レートが有利な両替場所を調べる。空港のレートは不利なことが多い
- 必要以上に両替しない。両替した通貨をちょうど使いきるのが一番だ。使い残しが少ないほど損は少ない
- トラベラーズチェックは、使用するたびに手数料をとられる

・現金持参が一番損をしない方法だ。盗難が心配だが、滞在するホテルの金庫に保管しておけばいい

・海外でもATMで現金を引き出すことができる。事前に、引き出し手数料や海外通貨発行手数料などにいくらかかるか確認しておこう

こうして、いくつかの選択肢について調べておいて、その国で一番損をしない方法で両替しよう。

ルール74

懸賞生活を楽しむ

私の知り合いに、懸賞という懸賞に応募している女性がいる。

彼女は、自分の結婚式に必要なものを、できるだけ懸賞で勝ち取ろうと心に決めた。そして、ひたすら応募し続けた結果、結婚式の飲み物はすべて懸賞で当たったものでまかなえたそうだ。

さらに、式の前の週に、自宅にシェフがやってきて四人分の食事を作ってくれる、という懸賞にも当たった。

おまけに、二週間の豪華リゾート旅行も当たったので、それがハネムーンとなった。

さらにその一年後、今度は三カ月の世界一周旅行が当たった。

同じように懸賞に応募しても、そんなにうまくいくはずがない？

ところが、そうでもないのだ。先の女性によると、「応募者が大勢いるから当たるわけがない」と思い込んでいる人は非常に多いが、**実際には応募者の少ない懸賞はたくさんあるの**だという。

懸賞の種類によっては、ちょっとした工夫が必要になることもある。たとえば、標語の募集なら、韻を踏んだり語呂合わせを入れたりすると、当選率が上がる。

様々な攻略法を紹介するサイトもあるので、インターネットで調べてみよう。まずは「懸賞」で検索してみるといい。

5
章

シンプルに
心豊かに暮らす
19のルール

How
To
Spend
Less

ルール75

保険と保証を見直す

あなたは電化製品などを購入するときに、延長保証を付けるだろうか？

旅行に出かけるとき、ペットを飼うときに、保険に加入しているだろうか？

これまで、一度も保険をかけたことがない人もいるのではないだろうか？


ここでは、保険や保証についてじっくりと考えてみよう。

保険会社はなぜ保険に入らせようとするのか。

加入者が支払う保険料より、保険金の支払いのほうが多くなるなら、保険会社は加入を勧めたりはしない。つまり、保険会社は、加入者から受け取る保険料より、実際に保険が適用されて支払う額のほうを少なくしているのだ。

それならば、延長保証を付けるより、故障したときに実費で修理したほうが、結局は安くすむのではないだろうか？　計算上はそうなるはずだ。

もちろん、どちらが安くすむかは実際に故障してみるまでわからない。でも確率的には、保証を付けないほうが安くすむ。

とはいえ早合点は禁物だ。注意すべき点がある。**保険や保証を付けなかった場合に起こりうる、最悪のケースについて考えてみてほしい。**

何かを買って、不運にも、修理や交換が必要になった場合、果たしてその代金が払えるだろうか？　あるいは、その商品がなくても困らないだろうか？

たとえば車なら、故障すれば修理費用に数万円は必要だ。そのお金が払えなくて修理できなかったら、生活に大きな支障が出る。そう思うと、長期的に見れば高くつくとわかっていても、保険をかけたほうが安心できる。

たとえば、食器洗浄機のように、使えなくなっても生活に支障をきたさないものの場合はどうだろう。延長保証に二万円以上かかるなら、加入しないほうがいいと私は思う。

保険や保証の加入に関しては、一概に善し悪しは言えない。だが、その分だけお金が余分にかかるのは確かだ。何に保険をかけ、何にかけないか、慎重に考えて決断しよう。

ルール76

銀行の取引明細に目を通す

銀行の取引明細に、きちんと目を通しているだろうか？　自動振替やデビットカードの引き落としの額も、きちんと把握しているだろうか？

節約生活を目指すなら、「目を通している」と即答できるようであってほしい。もしかすると、必要ないものに無駄にお金を払っているかもしれないからだ。

銀行の取引明細を入念にチェックして、**本当にすべての支払いが必要なものかどうか、徹底的に吟味してみよう。**

たとえば、惰性で定期購読している雑誌はないだろうか（私は、「クラシックボートマガジン」を本当に毎月買う必要があるのだろうか？）。熱が冷めてしまった活動に惰性で年会費を払っていないだろうか（私は、今でもグリーンピースの会員でいたいと思っているのだろうか？）。

こうしたことは考えるのが面倒だから、ついつい先延ばしにしたくなる。しかし、いくら目をそらしていても、いつかは必ず対峙しなければならない。先延ばしにすれば、みじめな気持ちが強まるだけだ。

年金保険のように、長い目で見れば続ける価値はあるが、払う額を当面減らすこともできる、というものが見つかるかもしれない。

投資をしている人なら、一時的に停止できるものや、現金化したほうがよいものが見つかるのでは?

あまり利用しない銀行口座があるなら、それを閉じてひとつにまとめたほうが、手数料などの面で無駄を省けるのでは?

明細をチェックしても、そのときは無駄なものが見つからないかもしれない。だからといって、この先ずっと、すべてを払い続ける必要があるとは限らない。取引明細は、定期的に見るようにしておいたほうがいい。

ルール77

照明や冷暖房のスイッチを切る

電気やガス、灯油代を節約するには、それらを必要とする機器をできるだけ使わないことだ。まったく使わないというわけにはいかないが、使用頻度を減らすことならできる。

私は**毎年冬を迎えると、「暖房なしでいつまで我慢できるか」というチャレンジを密かに楽しんでいる。**その年の冷え込み具合にもよるが、ここイングランド南西部では、たいてい一一月に入るまでは暖房なしで過ごせる。

私にとっては、春になって、暖房なしの生活を始めるほうが難しいのだが、それでも四月の初めには暖房を切るようにしている。

冬の始まりや終わりの時期になれば、暖房を使うといっても、せいぜい朝晩の二時間程度だ。その時期なら、上着を一、二枚余分に羽織れば暖房なしでも十分快適に過ごせる。

それに、暖かい格好をしていれば、霜の降りた寒い日の朝や、枯れ葉の舞う秋の日でも、外に出ようという気持ちになれる。

「できるだけスイッチを切る」というのは当たり前のことのようだが、これがなかなか習慣にならない。おそらく、**そもそも「スイッチを入れない」ほうが簡単**なのではないだろうか。夕方、照明を付けずに何時まで過ごせるか、ということにもチャレンジしてみよう。

照明といえば、省エネタイプの電球は節約の大きな助けとなる。電気代が安くなるのはもちろん、電球の寿命も長い。

普通の電球に比べて値段は高いが、一度買えばかなりもつので、家中の電球が切れて交換して回る、という苦労もなくなる。高いだけの元は十分にとれる。

ルール78

託児仲間をつくる

子どものいる人が夜に出かけるとなると、娯楽費に加えてベビーシッターの費用もかかる。一回の外出でも、結構な額になってしまう。

夜に外出するときの節約方法については先にもいくつか紹介したが、託児費用をうまく節約する方法がある。もちろん、理解ある両親が近くに住んでいなくても大丈夫な方法だ。**子どものいる人と友達になり、交代で子どもの面倒を見る**ようにすればいいのだ。友達になった人にパートナーがいるなら、どちらか一人が家に残って我が子の面倒を見て、もう一人があなたの家に来て、あなたの子どもの面倒を見る。

パートナーがいないなら、その人の家に子どもを連れていけばいい。向こうにとっても、自分が出かけたいときに託児費用を払わなくてすむのだから、喜んで仲間になる人はきっと多いはずだ。

ルール79

給湯器の温度を下げる

家の給湯器の温度は何度に設定されているだろうか。そんなことを細々と正確に把握している人はあまりいないだろう。

えっ、知っている？　そんなことをこまめにチェックするよりも、人生、もっと楽しんだほうがいい。

給湯器の設定温度を知っているかどうかはともかく、今すぐ給湯器のところへ行って温度を一、二度下げてきてほしい。話の続きはあなたが戻ってきてから再開しよう。

……お疲れさま。これでいくらかの節約になった。

一、二度ぐらいなら、ほとんど違いはわからない。**ちっぽけなことと思うかもしれないが、節約は日々の積み重ねが肝心だ。**こうして節約していけば、暖かい上着が一枚買える。

ルール80

水道水を節約する

イギリスでは水道メーターを設置していない家庭が多いのだが、メーター制であれば、節水すればそれだけ水道代が安くなる。これもまた、習慣の問題だ。

実は、私は長年、「歯を磨く間は蛇口の水を止める」ということがどうしてもできなかった。子どものときに、水を出しっぱなしにしてはいけないと教わらなかったのだ。

幸い、この問題は解決した。

私は水を出しっぱなしにしたいわけではない（そんな必要はないのだから当然だろう）。単に蛇口を閉めることに思い至らないのだと気づいたのだ。そして最近になってようやく、歯を磨き始めると反射的に蛇口を閉める域に達した。

水道代や電気代を節約するには、条件反射で行動できる域に達する必要がある。節水を心がけると決めたら、何かをちょっと変えてみるといい。

たとえば、歯磨き剤を変えたり、洗面所ではなくキッチンの流しで歯を磨くなど、いつもの歯磨きと違うことをすれば、「そうだ、節水するんだった」と思い出すことができる。お風呂やキッチン、トイレにも節水の習慣を持ち込もう。このときもやはり、今までとはちょっと違う何かをしてみるといい。すぐに節約に結びつく節水術はたくさんある。

・バスタブに溜めるお湯の量を少なくする
・皿を洗うときは、水を流しっぱなしにせずシンクに栓をして水を溜める
・トイレのタンクにレンガを沈める
・トイレを流すときは風呂やキッチンの残り湯を使う
・雨水を溜めて庭の水遣りに使う

水道メーターがない家庭でも、ここで挙げた方法を実践してみてほしい。私よりも節水上手になったなら、水道会社に連絡してメーターを取り付けてもらうといい。間違いなく、そのほうが安くなるだろう。

ルール81

ガソリンを節約する

一体世の中はどうなっているのだろう。近年のガソリン代の高騰はすさまじい。

車をよく使う人は、何よりもガソリン代に一番お金がかかる。**これから車を買うなら、燃費を最優先に考えて選ぶ**べきだ。

ガソリンを節約する方法は、低燃費の車を選ぶ以外にもたくさんある。

●最短距離を考える

学校に子どもを迎えに行き、いったん家に戻ってからまた買い物に出かけるようなことをしていないだろうか？　家と店が反対方向でもない限り、家に戻る途中に買い物をすませてしまうほうが効率がいい。

学校の送迎以外のときでも、無駄に走らないよう心がけよう。友人宅に忘れたジャケットを取りに行くなら、通勤の途中に寄ればよい。

●車で行く距離を半分にし、残りは歩く

店や学校、会社などへ行くときは、途中で車を降りて、一～二キロ程度は歩くようにしよう。一キロなら、早足で歩けば一〇分ほどだ。

通勤や学校の送り迎えに取り入れれば、週に五日、往復十キロの節約になる。年間にすると五〇〇キロになり、かなりのガソリン代が助かる。

さらに歩く距離を増やせば、それだけ節約できて健康になれる。

●職場や学校の集まりに行くときは、仲間を見つけて交代で車を出す

交代で車を使えば、友人の財布も助かる。

ここに挙げたのはほんの一部だ。脳のギアをトップに入れれば、車を使う回数を減らすアイデアがいろいろ浮かぶだろう。浮いたガソリン代の使い道も、すぐに見つかるはずだ。

ガソリンの節約も習慣を変えることが鍵となるが、慣れてしまえば苦もなく続けられる。

ルール82

電話代を節約する

最近の技術の進歩は本当に素晴らしく、費用がほとんどゼロで使えるものまで登場した。その最たるものがインターネット通話システムだ。「スカイプ」と言ったほうがおなじみかもしれない。

スカイプに加入している者同士なら、インターネットを介して無料で通話できる。かかるコストは、ヘッドセット代のみ。強いてほかに挙げるなら、家族や友人にサービスの内容を説明して加入させる労力ぐらいだろう。

海外にいる知り合いとの通話をスカイプに切り替えれば、電話代は一気に節約できる。海外でなくても、数百キロ離れたところに暮らす姉妹や友人などと毎週のように電話で話すのなら、それをスカイプに切り替えるといいだろう。

電話といえば、携帯電話は恐ろしい金食い虫である。

携帯をよく使う人は、プリペイド方式にしよう。プリペイドで払った以上に自分からはかけない誓い、その誓いを絶対に守る。

ルール6「ゲーム感覚でチャレンジする」で紹介した、前の月より少ない金額に抑えるチャレンジも効果的だ。抑えようと思っていれば、自然と電話をかける回数が減っていく。

また、どちらの電話代が安いか、パートナーと競争してもいい（けんかになりそうなカップルにはおすすめしないが……）。

ルール83

子どもに節約意識を持たせる

電気代も家計を圧迫する恐れがある。できるだけ節電するに越したことはない。

問題は子どものいる場合だ。いくら自分がこまめに電気を消しても、子どもは、照明やテレビ、パソコンなど、何でも付けっぱなしにしがちだ。子どもは自分で電気代を払うわけではないから、付けっぱなしにしても気にならないのだ。

だから、子どもにも「電気を消す」という意識を植え付けよう。**「電気を使わないようにがんばれば、いいことがある」と理解させれば、積極的にスイッチを消そうと努める**はずだ。

たとえば、電気代が前の月よりも下がったら、下がった額に応じてお金をあげる、というのはどうだろう。そう、現金をご褒美にするのだ。

もちろん、節約した分をすべて子どもに渡してしまっては、節約した意味がない。一カ月で下がった金額の一〇パーセントが適当だろう。二千円節約できたら、子どもには二百円渡せばいい。

また、電気のスイッチを一番こまめに消した人にご褒美を渡すことにして、兄弟姉妹で競争させてもいい。

ただし、子どもたち全員が納得する判定を下さないと厄介だ。誰かが不満を爆発させれば、けんかが始まって家中が熱気に包まれる。

まあ、熱が生まれるのなら、それはそれでエネルギーとして使えるかもしれないが……。

ルール84

プレゼントを手作りする

「手作りのプレゼント」と聞いてぞっとした人も多いかもしれない。テーブルいっぱいにフエルトの切れ端やカラフルな厚紙、糊を広げて、アーティスト気取りでうきうきと、手を動かしている姿が頭に浮かぶからだ。

フエルトの切れ端やカラフルな厚紙で作った手芸品が「手作り」だというなら、私も乗り気にはなれない。

手芸品や工芸品作りが趣味な人を悪く言うつもりは毛頭ないので、どうか苦情の投書はご遠慮願いたい。好みの問題である。

私の作った手作り作品を見たら、もらっても絶対に困ると思うはずだ。

プレゼントを手作りするなら、自分が自信を持ってできるものにすべきだ。初めての手作りへの挑戦では、予想以上にうまくできたとしても、ごく平凡なものにしかならない。

料理が得意なら最高だ。フルーツケーキやビスケットなどのお菓子は、冬の贈り物に最適である。

庭いじりが趣味なら、苗木や球根を鉢に植えて贈るといい。その場合、ラッピングは忘れずに。リボンを巻くだけで、素敵な贈り物になる。

料理や鉢植えがだめでも、手作りできるプレゼントはまだまだある。たとえば、犬の散歩や洗車の引換券を作って渡してはどうだろう？

パソコンが苦手な相手には、興味を持ちそうなフリーソフトをダウンロードしてあげるのもいい。

薄紙を敷いたバスケットやかわいい空き箱に、小物をいくつか詰めるだけでもいい。**ラッピングを工夫すれば、少ない予算でも素敵な贈り物になる。**

誰にでも何かしら「手作り」と呼べるようなことはできる。

気持ちのこもった手作りは本当に喜ばれるし、店で買うよりはるかに安上がりだ。それに、プレゼントが完成したら、すばらしい充実感を味わえる。

ルール85

子どもにプレゼントを作らせる

ルール84を読んで、「手作りのプレゼントなんて、とんでもない。絶対にいや」だと思う人もいるだろう。そうでなくても「そもそも、手作りする時間がない」という人もいる。自分でやらなくても、子どものプレゼントだけでも手作りにさせれば、その分のプレゼント代は安く上がる。

さすがに一〇代になると、自分のお金でプレゼントを買うと言い出すだろうが、小学校低学年までなら、そんなことは考えない。

フエルトやカラフルな厚紙を使って何かを作らせてもいい。

受け取った相手は、子どもが作ってくれたという事実を嬉しいと思ってくれるだろう。ただ正直言うと、もらった作品をありがたがることはないかもしれない。芸術的な才能に恵まれた子どもならば話は別だが、そんな子どもは滅多にいない。

一番無難なのは、クッキーやケーキなどの日持ちのするお菓子だ。子どもも料理をするのはうれしいものだ。クリスマスの少し前に、クッキーなどを子どもと一緒に作っておけば、手作りのクリスマスプレゼントになる。

火を使わせるのが心配なら、親が焼いたクッキーやケーキに、デコレーションをさせればよい。子どもはデコレーションに夢中になって、その間、静かにしていてくれる。経験者が言うのだから間違いない。

デコレーションの土台になるクッキーやケーキが美味しくできていれば、デコレーションがあまり上手でなくても、大した問題ではない。

幼い姉妹がアイシングしたクッキーの詰め合わせ、丸めてココアパウダーをまぶしたチョコレートトリュフ、そういう贈り物を嫌がる親戚がいたら、ぜひ教えてもらいたいものだ。

ルール86

プレゼントの予算を相談する

プレゼントにいくらかけるか、というのは実に困った問題である。お金をかけすぎたくないが、ケチくさいとも思われたくない。

クリスマスなどで**プレゼントをやりとりするときは、渡す相手と事前に相談して予算を決めてしまうのが一番だ。**

たいていの人は直前までプレゼントを用意しないから、二、三日前に相談すれば、ほぼ問題はないはずだ。予算を決めようと提案すれば、きっと相手も喜んでくれる。

「それはいい。いくらくらいがいいと思う?」とすぐに聞き返されるかもしれないので、答えをちゃんと用意しておこう。見栄を張って太っ腹な金額を口にしないように。

もちろん、相手に金額を決めてもらってもいい。

返ってきた答えに無理がなかったら、「私も大体それくらいを考えていたんだよね。じゃあ、お互いその額くらいってことにしない?」と言おう。

ルール87

プレゼントの相手をクジ引きで決める

これは、クリスマスに家族同士でプレゼントをやりとりする場合のアイデアだ。

イギリスでは、クリスマスのプレゼントは、全員が家族一人ひとりに渡すのが通例になっている。だが、お金がないときは、家族みんなが大変だから、工夫してみよう。

やり方はこうだ。

家族の名前を書いた紙を帽子に入れて、順に一枚ずつ引き、その相手だけにプレゼントを贈ることにするのだ。母親は息子の妻に、息子の妻は祖父に、という具合だ。

もちろん、アレンジを加えてもらって構わない。たとえば、個人ではなく夫婦単位でプレゼントを交換するようにしてもいい。

ただし、子どもはクジ引きから外そう。家族からのプレゼントがひとつとわかったら、子どもはショックを受ける。落ち込んだ子どもを慰めることを思えば、お金をかけたほうがいい。

ルール88

ラッピングはアイデア次第

ラッピングペーパーは、手渡した途端、あっという間に引き裂かれてしまう。ああ、なんてもったいない……。

ラッピングペーパーなんていらない、と言いたいのではない。お金をかけずに**「創造力を発揮してラッピングを楽しもう」**という話だ。

- 新聞紙やハトロン紙、手元にある布もラッピングに使える。布は、テーブルランプや花瓶、ノコギリなど、複雑な形のものを包むのに最適だ。手元にあるもので、包装を安上がりにすませれば、浮いたお金でリボンの飾りが買える
- リボンの代わりにカラフルな毛糸を使うのもおすすめだ。リボンよりずっと安い
- 布で包装するなら、インド綿をメートル単位で買うといい。包装紙よりもずっと安い。

高級な生地でもハギレなら安く買える

このように、ラッピングを安く上げる方法はたくさんある。あなたの好みに合う方法を探してみよう。包装のことばかりを考えて、そのことで脳が包まれてしまえば、きっとよいアイデアが浮かぶだろう。

ルール89

クリスマスの出費を抑える

プレゼントを手作りにし、包装コストを削っても、まだ予算が足りないなら、何かを削らねばならない。一番簡単なのは、プレゼントを送る人数を減らすことだ。気に障る相手を思い浮かべて、リストから抹消しよう。

子どもの面倒を見るという約束を姉に破られた？　よし、彼女はリストから外そう。甥っこのジョニーがちっともなつかない？　なら、今年はプレゼントなしだ。それで少しは思い知るかもしれない。

だが、クリスマスという大事なイベントでこんな方法をとるのは気が進まない、という人も多いだろう。もっと取り組みやすい方法をいくつか紹介しよう。

●お金がない友人とのプレゼント交換はやめる

自分と同じようにお金がない友人に、今年はプレゼント交換をしないでおこうと提案する。向こうも感謝してくれるはずだ。

●プレゼントを贈るルールを決める

甥、姪、名付け親となった子どもにプレゼントを渡すのは一八歳までとしよう。もしくは、現時点での年長者が二五歳なら、二五歳までとすればよい。

●カードを送るルールを決める

クリスマスカードは、クリスマスに会わない人にだけ送る。

●電子メールを利用する

インターネットのグリーティングカードを利用すれば、カード代も切手代もかからない。

こういうやり方ならば、あまり罪悪感を覚えずにすむだろう。ちょっと発想を変えれば、クリスマスにかかるお金だって抑えることができるのだ。しかも、ここに挙げた方法なら、来年以降の費用の節約にもつながる。

ルール90

実習生の練習台になる

モルモットの気持ちを考えたことがあるだろうか？

モルモット、つまり実験台になるのはどんな気持ちなのだろう？

ここでは、節約しながら、動物の気持ちに思いを馳せてみよう。

実地トレーニングを必要とする実習生はたくさんいる。分野も様々だ。**実習生の練習台になれば、安い価格（ときには無料）でサービスを受けることができる。**

エステやマッサージをはじめ、美容室のカットモデル（勇気がいる）、果ては歯の治療（もっと勇気がいる！）など、やってもらおうと思えば何でもある。

当然ながら、通常よりも時間が余計にかかるかもしれないし、結果に満足がいかないこともあるかもしれない。

とはいえ、専門学校などの教育機関の実習プログラムであれば、講師がサポートに付くから、それほど心配しなくてもいい。

一年コースの専門学校なら、新学期から三、四カ月は過ぎないと実習が始まらないことが多いので、春から夏にかけてはチャンスが減る。実習制度は学校によって異なるので、問い合わせてみよう。

ルール91
子どもの服をリサイクルする

お下がりを子どもに着せれば服代の節約になる。

私の世代はお下がりの服を着るのが当たり前だった。私は五番目だったので、いつもすっかりくたびれた服がまわってきた。

最近の子どもはわがままだと言われているが、私自身、兄ばかりが新しい服を買ってもらえてずるいと思っていたので、お下がりを着せられる子どもの気持ちはよくわかる。なので、お金に余裕があるときは、下の子どもたちにも新しい服を買うようにしている。

新しい服を買ってやらなくても、ちょっと手を加えることでずいぶん雰囲気を変えることができる。次の子にまわすときに、**おしゃれなボタンを付けたり、違う色に染め直したりしてリメイクする**のだ。

一番下の子が着終わったとしても、まだ使い道はある。

長ズボンの丈が合わなくなったのなら、裾を切ればショートパンツとしてはける。長袖のシャツの袖丈が合わないなら、袖を切って半袖にしてしまえばいい。

どうしても兄弟姉妹を平等に扱いたいなら、全員に新品を買ってあげる以外にもうひとつ方法がある。**一番上の子にもお下がりを着せる**のだ。一番上の子よりも年上の子を持つ知り合いに、お下がりがもらえないか（または安く譲ってもらえないか）尋ねてみよう。学校やガールスカウト、ボーイスカウトの制服は、譲り合って着るのに最適だ。学校や団体に、不要になった子ども服をやりとりする制度をつくれないか、提案してみてもいい。

子どもにとって、誰かのお下がりをもらうのは、あまりいい気がしないものだ。特にファッションに気を遣いはじめた一〇代の子に、従兄弟のやぼったいカーディガンを渡したりすれば、露骨に嫌な顔をするかもしれない。

だが、「新しい服を我慢しないと、楽しみにしている旅行の代金や衛星放送の受信料が払えない」と子どもに説明し、納得させるのも親の努めというものだろう。

ルール92

お金をかけずに結婚する

これまで、特別なイベントのためにお金を貯める方法をいくつか紹介してきた。イベントにもいろいろあるが、何よりお金のかかる一大イベントといえば、やはり結婚式だ。経済的に厳しければ、人生の一大イベントであっても安く抑えたいと思わずにはいられない。その反面、せっかくの晴れ舞台で妥協したくない気持ちもあるはずだ。

そこで、なるべく妥協せずに結婚式の費用を抑えるための秘訣をお教えしよう。

●友人や家族に協力してもらう

写真撮影が得意、格好いい車を持っている、印刷関係の仕事をしている、ケーキ作りやフラワーアレンジメントが得意……。あなたの周りにいる人には様々な特技があるはずだ。多くの知り合いから協力が得られるほど、プロに頼むよりずっと安くなる。

●招待状はウェブサイトから素材を拝借する

招待状の雛型をウェブで探し、自分で文面を作成し印刷もしよう。式の進行表や食事のメニュー、席次表なども自分で作ろう。

●ウエディングドレスをできるだけ安く買う

時期外れの安いときに買うか、中古で探す。一度しか着ないのに、家で一番高価な洋服は、たいていウエディングドレスである。

●パーティはアイデアで勝負する

フォークダンスを英語で「バーン（納屋）ダンス」と呼ぶが、私の結婚式の二次会は、妻の両親所有の本物の納屋を会場にした。テーブルも椅子もなく、藁が敷き詰めてあるだけだったが、ホテルのパーティよりもずっと楽しめたし、はるかに安上がりだった。

●ハネムーンを安くあげる

あちこち調べて安いプランを探す。近場ですませてもいい。家や別荘を貸してくれる人がいないか探してみよう。

ルール93

赤ちゃんにかけるお金を節約する

子どもが誕生すると、すべてを新しく買いそろえたくなる。お金に余裕があるなら、何でも好きなように買ってもいいかもしれないが、そんな余裕がある人は少ないはずだ。子どもには、生まれる前からたくさんお金がかかる。とはいえ、考え方を切り替えれば、赤ちゃんにかかるお金もいろいろと節約できる。

- オークションサイトやフリーマーケットを活用する
- 「不要なベビー用品を譲ってほしい」と知り合いや家族に声をかけておく
- 必要かどうか定かでないものは買わない。必需品は、チャイルドシートとオムツくらいだ。赤ちゃん用のジャングルジム、電動式のゆりかご、ほ乳瓶の保温ケース、マザーズバッグなどすべて不要だ
- おもちゃは買わない。プレゼントでもらえる

・母乳で育てるなら、ボトル代もミルク代も消毒器も不要だ
・布オムツを使おう。最近の布オムツは煮沸しなくてもいい。洗濯することを考えても、使い捨てオムツよりもお得になる
・ベビー用品のメーカーは、会員登録した顧客に無料サンプルや割引クーポンを提供している。できるだけたくさん会員登録して、サンプルやクーポンをもらおう

赤ちゃんは、新品でなくても文句は言わない。ただし、本当に必要なものは惜しみなく与えること。**絶対に不可欠なもの、それはもちろん、心からの愛情である。**

おわりに

心豊かな節約生活を送るためには、ものの見方を変える必要がある。考え方を変えないことには、行動は絶対変わらない。

ダイエットや禁煙でも同じことだが、一番危険なのは、「すぐに成果が出ないならやるだけ無駄」だと思い込んでしまうこと。

すぐに成果が見えないと、たいていの人は、

「私には無理」

「支出を抑えることなんてできるわけがない」

「せっかくうまくやっていたのに、今日の買い物ですべてパーだ」

「やっぱりあきらめたほうがいいかも」

などと考えてしまう。

とんでもない。あなたは違う。あなたには絶対にできる。私にもできたのだから、あな

たにできないはずがない。

新しい暮らし方にチャレンジするのは、最初が一番つらい。しかし、最初がつらいからといって、ずっとつらいままだと決まっているわけではない。今日の買い物で予算をオーバーしたから、明日もオーバーするとは限らないのと同じことだ。

失敗は、何かを学ぶことができる絶好のチャンスなのだ。

思いどおりにいかないときは、

「どうすればうまくいくだろう？」

「何か方法はないか？」

と自分に問いかけてみよう。

そうすると、

「もうあの店には行かないでおこう」

「クレジットカードは使わないと心に誓おう」

「今度母親に電話をかけるときまでに、スカイプの登録手続きをしよう」

など、すべきことが浮かんでくる。

このように、昨日までは思ってもみなかったこと、知らなかったことを知れば、次に生かすことができる。学んだことは、すぐに行動に移すようにしよう。

あれこれ失敗したり、工夫したりするうちに、いつの間にか節約は上手になる。生活に余裕ができてからも、節約のクセがついていれば、その余裕はさらに大きくなる。

たとえ今日何があったとしても、惨めにならずに節約するコツを学び始めたのだ。あなたはきっと成功できる。

＊本書は二〇一〇年二月に小社より『英国式節約術』のタイトルで発行された『How to Spend Less without being Miserable』を改訂・再編集したものです。

賢い人のシンプル節約術
How to Spend Less without being miserable

発行日　2015年 3 月20日　第 1 刷

Author　リチャード・テンプラー
Translator　花塚恵
Book Designer　長坂勇司

Publication　株式会社ディスカヴァー・トゥエンティワン
〒102-0093　東京都千代田区平河町 2-16-1 平河町森タワー 11F
TEL　03-3237-8321（代表）　FAX　03-3237-8323
http://www.d21.co.jp

Publisher　干場弓子
Editor　原典宏

Marketing Group
Staff　小田孝文　中澤泰宏　片平美恵子　吉澤道子　井筒浩　小関勝則　千葉潤子　飯田智樹
佐藤昌幸　谷口奈緒美　山中麻吏　西川なつか　古矢薫　伊藤利文　米山健一　原大士　郭迪
松原史与志　蛯原昇　中山大祐　林拓馬　安永智洋　鍋田匠伴　榊原僚　佐竹祐哉　塔下太朗
廣内悠理　安達情未　伊東佑真　梅本翔太　奥田千晶　田中姫菜　橋本莉奈
Assistant Staff　俵敬子　町田加奈子　丸山香織　小林里美　井澤徳子　橋詰悠子
藤井多穂子　藤井かおり　葛目美枝子　竹内恵子　熊谷芳美　清水有基栄　小松里絵
川井栄子　伊藤由美　伊藤香　阿部薫　松田惟吹　常徳すみ

Operation Group
Staff　松尾幸政　田中亜紀　中村郁子　福永友紀　山﨑あゆみ　杉田彰子

Productive Group
Staff　藤田浩芳　千葉正幸　林秀樹　三谷祐一　石橋和佳　大山聡子　大竹朝子
堀部直人　井上慎平　松石悠　木下智尋　伍佳妮　張俊崴

Proofreader　文字工房燦光
Printing　中央精版印刷株式会社

ISBN978-4-7993-1649-8